CHINA. LA TRAMPA DE LA GLOBALIZACIÓN

Jean Mandelbaum • Daniel Haber

China.
La trampa
de la globalización

TENDENCIAS

Argentina - Chile - Colombia - España
Estados Unidos - México - Uruguay - Venezuela

Título original: *La victoire de la Chine – L'Occident piégé par la mondialisation*
Editor original: Descartes & Cie, París
Traducción: José Antonio Bravo Alfonso
Directora de la colección Tendencias: Núria Almiron
Proyecto editorial: Editrends

Aribau, 142, pral. – 08036 Barcelona
www.edicionesurano.com

ISBN: 84-7953-609-8
Depósito legal: B. 35.627 - 2005

Fotocomposición: Ediciones Urano, S. A.
Impreso por Romanyà Valls, S. A. – Verdaguer, 1 – 08760 Capellades (Barcelona)

Impreso en España – *Printed in Spain*

Índice

Introducción

Como los afluentes que recorren cientos de kilómetros en la Amazonia, cada vez más cercanos hasta confundirse en un único río, los modelos socioeconómicos occidentales y el chino, que vienen aproximándose desde la década de 1990, van a protagonizar una fusión gradual ante nuestros ojos, ineluctablemente, de aquí a finales del siglo XXI.

Las consecuencias de este proceso puesto en marcha por efecto de la globalización trastornarán el equilibrio mundial. Así, se va armando una especie de trampa. Trampa que amenaza convertirse en desastre para Occidente por la inconsciencia de los occidentales y el oportunismo chino.

Describir la elaboración de esa trampa todavía invisible es el objeto de este libro.

Supongamos que el proceso de globalización continúa, como es muy probable, y que los industriales del mundo occidental no cambian de estrategia, lo que no harán salvo si advirtiesen sus inconvenientes a largo plazo, que serían considerados más importantes que las ventajas reales a corto término. De cumplirse esa doble condición, China emergerá como la vencedora incontestable, inesperada y afortunada de la globalización.

Incontestable, porque en 2030 China tendrá instalada en su territorio cerca de la mitad de la industria mundial, y hacia finales del siglo la amplitud de las actividades de servicios que habrá desarrollado alcanzará un nivel congruente con el del sector industrial.

Inesperada, porque nadie podía suponer a finales del siglo XX que China se alzase con la victoria en la carrera de la globalización.

Afortunada, porque en realidad sólo a medias le corresponderá a China el mérito de su triunfo. A base de pragmatismo ha sabido cabalgar sobre la cresta de la ola de los procesos en curso y se ha apropiado los conocimientos del capitalismo.

Por lo tanto, la otra dimensión de su éxito se debería únicamente a un fenómeno cuyo origen y despliegue le han sido casi del todo ajenos, y que puede describirse mediante una fórmula muy sencilla: la globalización, al exacerbar la competencia que presiona los precios a la baja, conduce en un primer paso a la externalización de las funciones no estratégicas de las empresas y, ulteriormente, al intensificarse todavía más dicho efecto, la misma externalización se convierte en deslocalización. Gracias a este proceso, Occidente, motivado por la lógica del beneficio a corto plazo y en detrimento de la perdurabilidad, desmantela su industria una de las fuentes esenciales de creación de riqueza en beneficio, primordialmente, de China.

Analizar el regreso de China al primer plano (y en la versión destinada al lector chino, la evolución del mundo occidental), y deducir las consecuencias para nosotros y para nuestros descendientes de este inmenso movimiento planetario que podría completarse hacia finales del presente siglo, es el objetivo de esta obra que debe considerarse como prolongación de las tres anteriores debidas a los mismos autores:

La leçon japonaise, con Gilberte Beaux y Christian Saint-Étienne, y prólogo de Raymond Barre (Plon, París, 1989); *Le Choc Europe-Japon: comment l'éviter?* (Simul Press, en japonés, 1990); y *La Revanche du monde chinois?*, que data de 1996 y de la que se ha publicado una segunda edición revisada, corregida, y con prólogo de Alain Peyrefitte (Economica, 1999).

El curso del profesor Jacques Zhang en 2049

París IV Sorbonne
Curso de primero de economía internacional
Profesor: Monsieur Jacques Zhang
Primer día lectivo: 11 de septiembre de 2049

El retorno de China al primer plano mundial La globalización, una trampa para Occidente

El principio de realidad es irrefrenable. Desde comienzos del siglo XXI y pese a numerosas convulsiones visibles e invisibles, se ha impuesto la globalización. Sin embargo, ha sorprendido a la opinión pública mundial que China fuese la gran vencedora. En todo caso, los procesos que han llevado a esta situación son múltiples, y algunos actúan desde hace veinticinco siglos.

Vamos a decodificar estos procesos tan diferentes en cuanto a su importancia.

Tal será el objeto del presente curso de primero de economía internacional.

Los procesos que analizaremos comenzaron en épocas a veces muy separadas cronológicamente. Algunos de ellos tuvieron una duración muy breve; otros, por el contrario, han perdurado. Los que no llegaron a su estadio final sirvieron de transición hacia otras fases.

Consideramos pertinente dividir la evolución de estos procesos en nueve fases, cada una de las cuales obedece a su lógica propia.

1) La OPA casi triunfante de Japón sobre el liderazgo mundial (1868-1990).
2) Despegue del proceso de desquite del mundo chino (1949-1997).
3) La periferia (Japón) cede al centro (China) el testigo del liderazgo asiático: 1997-2001.
4) El régimen comunista chino supera la prueba del mercado (1979-1992).
5) Apropiación del capitalismo por China (551 a.C.-2001).
6) Reinvención del capitalismo por China (1992-2049).
7) En el seno de las grandes compañías multinacionales emerge el concepto de externalización de las actividades que no constituyen el núcleo esencial de la empresa (1975-1990).
8) Deslocalización general de los centros de producción occidentales a consecuencia de la globalización (1990-2030).
9) Se arma la «trampa china»: finalmente, más de la mitad de la industria mundial queda localizada en China (2030-2049).

1) La OPA casi triunfante de Japón sobre el liderazgo mundial (1868-1990)

En 1990, Japón se encuentra en la cima de su poderío. Algunos observadores privilegiados, como Ezra Vogel, escriben obras que sientan autoridad y que presentan a Japón como la primera potencia mundial programada. Argumentan esta visión prospectiva aduciendo dos situaciones a decir verdad extraordinarias: la primera, que durante varias jornadas de 1989 la capitalización nominal total de la Bolsa de Tokio superó a la de Wall Street; la segunda, que los precios de la propiedad inmobiliaria alcanzaron niveles inverosímiles. Ese mismo año, por ejemplo, el valor de mercado de la superficie del parque de Tokio que rodea el palacio imperial excedió el de las fincas de toda California. Y también el mismo año, cuando el dólar se cotizaba a 79 yenes, el PNB japonés expresado en dólares era equivalente al de Estados Unidos.

Pero los japoneses jugaban con fuego. La especulación desenfrenada (1985-1990) creó burbujas inmobiliarias y mobiliarias, y el estallido de éstas se produjo en 1991.

El país ha tardado más de veinte años en absorber los efectos negativos de dicho estallido.

2) Despegue del proceso de desquite del mundo chino (1949-1997)

A pesar de lo dicho, Japón dejó una enseñanza para Occidente,* que fue entendida y recuperada más tarde por los chinos: el país que quiera desarrollarse muy rápidamente puede conseguirlo mediante una política económica audaz, consistente en desarrollar una industria manufacturera de calidad apoyada en una cultura específica basada en el espíritu de trabajo, la abnegación, la motivación y la educación intensiva, así como en favorecer la emergencia de un mercado interior protegido de grandes dimensiones, cuyos beneficios permitirán exportar a precios casi de *dumping*.

El desarrollo conocido como «vuelo de los gansos silvestres» que caracterizó la extraordinaria fase de auge económico del Asia neoconfuciana desde 1950 (comienzo de la guerra de Corea) hasta 1992, fue encabezado por Japón y emulado, primero, por los «cuatro dragones» (Taiwan, Hong Kong, Corea del Sur y Singapur), luego por los «tigres» (Tailandia, Indonesia, Malasia y Filipinas), y finalmente por China cuyo despegue tardío arranca en 1979.

Este fenómeno caracteriza el comienzo del proceso estratégico fundamental analizado en nuestra obra *La Revanche du Monde chinois?* (la desaparición del interrogante se impuso desde 1997, año de la crisis económica asiática, de la que China salió fortalecida). Este proceso plasmó el regreso al primer plano de esa potencia que hace más de veinte siglos dominaba no ya Asia sino el

* Véase *La Leçon japonaise*, por Daniel Haber, Jean Mandelbaum, Gilberte Beaux y Christian Saint-Étienne, Plon 1989.

mundo entero, y cuyo ingreso en la Organización Mundial del Comercio (OMC) significa en cierto modo la consagración de dicha evolución.

En este curso destacaremos la función de la cultura ancestral china en relación con el proceso de renovación.

3) La periferia (Japón) cede al centro (China) el testigo del liderazgo asiático: 1997-2001

Entre 1997 y 2001 asistimos a un intercambio de papeles en el liderazgo del mundo asiático. China lo reclama, y Japón lo concede.

En adelante, el «mundo chino», el perenne Imperio de la Tierra Media, prevalecerá sobre la periferia (Japón, Corea del Sur, sureste asiático).

4) El régimen comunista chino supera la prueba del mercado (1979-1992)

La cesión del testigo por parte de Japón a China sólo fue posible después de un crucial período de prueba. Desde 1979 hasta 1992 el régimen comunista hizo sus primeros escarceos en la economía de mercado. En realidad no tenía muchos caminos entre los que elegir.

A la vista de los resultados, que fueron determinantes, China pudo abordar una nueva fase consistente en explotar sus propios recursos culturales y demográficos para acelerar su desarrollo.

5) Apropiación del capitalismo por China (551 a.C.-2001)

A partir del 551 a.C. (nacimiento de Confucio) y hasta el 2001 (ingreso en la OMC), China ha venido preparando el terreno, sin saberlo, para la implantación del capitalismo.

Es un aspecto esencial que constituirá la parte fundamental estudiada en este curso.

6) Reinvención del capitalismo por China (1992-2049)

Desde 1992 y hasta 2049, los chinos además de hacer suyo el capitalismo lo reinventan.

Lo deconstruyen y reconstruyen del mismo modo que en la Europa actual triunfa la retro-innovación o proceso consistente en mejorar los saberes ancestrales con ayuda de la tecnología moderna.

7) En el seno de las grandes compañías multinacionales emerge el concepto de externalización de las actividades que no constituyen el núcleo esencial de la empresa (1975-1990)

Mientras tanto se inicia un proceso irreversible, el de la globalización. Este fenómeno permite crear gigantescos mercados de consumo para productos que se caracterizan por su vocación mundial. La competencia feroz obliga a las compañías a mejorar todavía más lo que venían haciendo mejor, lo que consideraban el «núcleo esencial» de su actividad.

Por tanto, se ven obligadas a externalizar el resto: el mantenimiento, los pagos, los servicios informáticos, las comunicaciones, la auditoría, la selección de personal, etc.

8) Deslocalización general de las fábricas occidentales a consecuencia de la globalización (1990-2030)

A partir de 1995, la globalización es un fenómeno casi generalizado. La presión sobre las empresas es imparable. La elección es sencilla: externalizar o desaparecer.

Por tanto, se generaliza la externalización. Cada vez más empresas deslocalizan un porcentaje creciente de su producción trasladándola fuera de su país de origen.

El resultado de todos estos movimientos ha sido espectacular. Atraídos por las ventajas industriales de China —buena calidad de fabricación a precios competitivos, ¿real o aparente?—, sectores enteros de la industria mundial son absorbidos por ese país y...

9) Se arma la «trampa china»: finalmente, más de la mitad de la industria mundial queda localizada en China (2030-2049).

La «trampa» china se cierra. Por supuesto es una trampa colocada de manera inconsciente, pero que se va concretando a medida que crece el proceso de deslocalización a China.

Hacia 2030 tenemos instalada en China más de la mitad de la industria mundial. Los chinos controlan el sector industrial de la globalización.

El concepto según el cual basta controlar la creatividad y el marketing para ser dueños del binomio producto/mercado (concepto propugnado por las multinacionales que lanzan al mercado productos de consumo universal) ha quedado superado.

Desde la óptica del proceso clásico de «integración vertical» —inaugurado por Japón antes que Hong Kong, Taiwan y Corea del Sur—, las mismas causas originan los mismos efectos. Las empresas occidentales se han desprendido de su *savoir-faire*, obedeciendo a una combinación inextricable de espíritu de lucro a corto plazo y miopía estratégica.

Los chinos ya fijan los precios de casi todos los bienes industriales. Y a su vez, disponen de los medios para concebir productos nuevos y marcas mundiales, cuyo marketing nacional e internacional controlarán.

Tras adquirir poderío y credibilidad industriales, recurren a la creatividad. Bien la interior, implantando sistemas adecuados de formación. Bien la exterior, enviando a sus estudiantes más brillantes a las universidades más prestigiosas del mundo, o bien fichando en el extranjero a las personas creativas más eficaces.

Analizaremos cómo Occidente reaccionó ante esa trampa con una demora inmensa. ¿Podrá todavía recuperar el terreno perdido en la lucha por el liderazgo mundial?

1

La trampa

Avenirse a ver y oír

Un día, algún sociólogo va a tener que analizar las razones por las cuales en Occidente —incluyendo a las elites de las democracias occidentales— hay tanta dificultad para «ver» y «oír» la realidad emergente. Al fin y al cabo, es posible que los occidentales *no quieran* ver ni oír, y que cierren los ojos y hagan oídos sordos adrede.

Recordemos algunos ejemplos recientes y espectaculares.

Entre 1933 y 1939 y hasta el último momento, Francia y Gran Bretaña no quisieron ver en Hitler al enemigo implacable y el peligro absoluto que éste representaba incluso ya antes de la invasión de Polonia. Y, sin embargo, ¿era posible dudarlo después de la lectura de *Mein Kampf*, con su contenido particularmente claro y explícito, y después de escuchar sus recurrentes discursos incendiarios?

Entre 1960 y 1980 los japoneses engañaron a Occidente haciéndole creer que su país se hallaba todavía en fase emergente. Japón se ahorró así sumas colosales que de otro modo hubiera debido pagar a Occidente por las numerosas transferencias de tecnología de las que era beneficiario. Al mismo tiempo impuso un doble rasero de normas comerciales, por cuanto se reservaba el acceso ilimitado a los mercados occidentales mientras hacía gala de un proteccionismo sin fisuras frente a los productos extranjeros. Sin embargo, bastaba leer las estadísticas o visitar las fábricas niponas para comprender la realidad.

El 11 de septiembre de 2001, los atentados terroristas contra las torres del World Trade Center y contra el Pentágono dejaron estupefacta a la primera potencia militar mundial, según se pudo observar tanto en la reacción popular como en la de las elites. Y también sorprendieron a la mayoría de observadores privilegiados, como los investigadores académicos y los analistas de los medios de comunicación.

Sin embargo, habría bastado ver y oír las declaraciones de los extremistas islámicos, o más fácil todavía, las de algunos líderes musulmanes que albergaban temores y trataban de hacerse escuchar. Ver y oír habría sido suficiente para medir la violencia potencial de la agitación extremista. A los atentados perfectamente planeados y realizados les preceden las palabras. Palabras que matan, que anuncian y dan pábulo a un furor ilimitado contra Occidente.

Entre los líderes citemos a la única mujer que ha sido primera ministra de un país musulmán, la pakistaní Benazir Bhutto. En una larga entrevista concedida a los autores de este libro confiesa:

«Uno de mis fracasos más trágicos fue que no conseguí cerrar los centenares de madrasas (escuelas coránicas), que según nuestros cálculos han debido formar durante los últimos veinte años entre 200.000 y 300.000 estudiantes extremistas, y no sólo pakistaníes, sino llegados del mundo entero, comprendidos los extrarradios de las grandes capitales de Occidente. Adoctrinados y fanatizados con intención de convertirlos en mártires al servicio de la causa de un islamismo militante, virulento y aberrante, puesto que el Corán no propugna la violencia. Hijos de esas madrasas han sido los talibanes, cuyo régimen ha sometido a un país entero, Afganistán. Un régimen que ignora y envilece a las mujeres, que persigue a los no creyentes y que ha destruido las estatuas ciclópeas de los budas de Bamiyan, pertenecientes al patrimonio histórico de la humanidad, además de impedir toda evolución de ese país tan poco favorecido por la naturaleza. Los talibanes ha establecido numerosos campos de instrucción para extremistas, con el objetivo de exportar la «guerra santa», la Yihad, a todo el mundo».

Muchos comentaristas, por otra parte, se han acordado de Samuel Huntington, profesor de la Universidad de Harvard que desarrolló en forma de libro especialmente rico en ideas un célebre artículo sobre el choque de las civilizaciones. Cierto que el autor previó el choque entre el islamismo combatiente y el mundo occidental. Pero sólo acordarse de esa predicción es un reduccionismo tremendo: ¡En su libro Huntington prevé, además, una auténtica alianza islamista-confucianista contra Occidente!

Ahora bien, esta opinión no ha sido confirmada por ningún indicio aparente, máxime si tenemos en cuenta que, de momento, la misma China se enfrenta a los extremistas musulmanes en territorio propio, como es la provincia de XinJiang, irredentista y vecina de tres ex repúblicas soviéticas con poblaciones mayoritariamente musulmanas: Kirguizistán, Tadyikistán y Kazajistán. Las autoridades de estas últimas luchan a su vez contra el extremismo musulmán, lo que propició la conferencia de Shanghai, que reunió a estos países y Rusia para discutir una línea de acción eficaz. Para acabar con la violencia, China ha iniciado discretamente una política similar a la que desarrolló en Tibet, y que consiste en ir reforzando la presencia de la etnia *han* hasta que ésta pase a ser mayoritaria en dicha provincia. El futuro dirá si ese fomento de la superioridad demográfica consigue acabar con un conflicto cada vez más enconado.

A pesar de ese choque con el extremismo islámico, las declaraciones oficiales chinas con motivo de los atentados del 11 de Septiembre fueron especialmente contenidas y, en todos los casos, dejando a salvo la expresión del pésame formal, de un tono bastante ambiguo. Son mucho más reveladores, en cambio, los comentarios oficiosos (de anónimos internautas) excepcionalmente tolerados en Internet por la censura china. Estos internautas chinos dan a entender, en sustancia, que Estados Unidos «mereció» de alguna manera ser víctima de esos atentados por su actitud arrogante, manifestada en especial con sus bombardeos sobre Irak o la destrucción de la embajada china en Belgrado (que China nunca ha aceptado como un error). De modo que, frente al impacto inmediato de los atentados, y a diferencia de Rusia, los chinos no se solidarizaron en realidad con el clan occidental, el de las democracias abiertas.

Aunque a corto plazo no sea previsible ninguna alianza militar entre el islam y China, de hecho el mundo occidental se enfrenta a dos clases de oposición que tienen por objetivo común, explícito o implícito, su debilitamiento creciente. Doble oposición que nadie quiere ver, ni oír, ni por tanto comprender: el desafío, que con sólo las armas de la economía y de la cultura, realiza el mundo chino; y el que con la violencia y el fanatismo religioso realiza el extremismo musulmán (extremismo sólo practicado por una minoría activa en el seno del islam).

De momento, Occidente no quiere ver ni oír la globalidad de esa doble contestación.

En esta obra intentaremos dilucidar la naturaleza del desafío chino. Vaya por delante una distinción indispensable: si las amenazas hitlerianas y las del extremismo islámico eran fáciles de prever, en cambio el desafío chino es difícil de decodificar a priori.

Lo mismo que el choque japonés en su día, se caracteriza por una peculiar invisibilidad, consecuencia de una combinación infinitamente compleja de innumerables factores. Tenemos, por una parte, que miles de empresas decidieron, cada una por su cuenta, la deslocalización de una parte de su producción o de la totalidad, trasladándola a China. Y por otra parte, la trayectoria estratégica de los chinos, a su vez dependiente de la combinación de numerosos factores culturales y de múltiples decisiones políticas. El efecto entrecruzado de estos flujos de decisiones durante un período prolongado produce el choque, una vez rebasado cierto umbral crítico.

Que China le dispute la superioridad a Occidente, se inscribe en un proceso de larga duración, así como en una asombrosa capacidad para desarrollar una estrategia «a lo chino», que consiste en descubrir más pronto que otros las líneas de fuerza actuantes y sumergirse de lleno en las oportunidades para sacar de ellas el máximo de ventajas.

Queda armada así una especie de trampa sistémica para Occidente, que se expone a perder la superioridad tecnológica, científica, económica y estratégica. Superioridad que, al fin y al cabo, era un fenómeno reciente, de unos tres siglos nada más, y debida únicamente a la coincidencia de la revolución industrial con una época de somnolencia de la civilización china.

En las condiciones actuales, los orientales hacen demostración de la misma sabiduría que les permitió desarrollar las artes marciales: aprovechar la fuerza del adversario para usarla en provecho propio, ceder según la dirección del movimiento y adaptarse a él en vez de intentar la oposición frontal.

Cualquier trampa conlleva, normalmente, un trampero y una pieza destinada a caer en el cepo. Pero en el proceso que vamos a analizar, si admitimos que la pieza que cae en el cepo es Occidente el trampero no es otro sino el proceso mismo, que se está desarrollando en la actualidad y cuyas oportunidades los chinos han sabido captar antes que los occidentales. De esta manera la trayectoria estratégica china se modifica una vez más para quitarle a Occidente el primer puesto.

El proyecto chino es endógeno. Lo analizaremos a fondo en lo que sigue, y consiste una vez más en «caminar con las dos patas» (entiéndase la china y la occidental, según la fórmula consagrada por Mao Ze Dong).

En apariencia sería una recuperación del primer modelo sociocultural propuesto por el Gran Timonel a los chinos cuando asumió el poder. Una de las «patas» era como un árbol que hunde sus raíces en la historia de China y en su civilización constituida por integración de varias culturas: budismo, confucianismo y taoísmo, encarnadas en un pensamiento que corresponde a una visión del mundo muy singular.

Pero ahora hallamos una innovación auténtica: la consolidación de esa «pata» mediante la integración de valores occidentales (transportados, en esencia, por la diáspora china a medida que ésta emprende el retorno y fecunda la madre patria), entre los cuales interviene la noción de progreso.

Poco a poco, esa nueva identidad en curso de formación va haciendo posible que el pensamiento chino tradicional largo tiempo anestesiado aporte, al quedar liberada su fecundidad, una nueva y vigorosa dimensión creativa. Y esa creatividad se pone rápidamente al servicio de la producción competitiva de bienes y servicios.

La segunda «pata», la occidental, permite lo que podríamos llamar una instrumentalización del capitalismo, recuperado como valor eficaz para reemplazar el comunismo inicialmente elegido por Mao. Ahora el capitalismo les parece indispensable a los dirigentes de la China actual. Y la manera china de gestionarlo le confiere una eficacia añadida.

Así pues, el proyecto chino se inscribe en la fórmula «China, fábrica del mundo». Es este posicionamiento el que atrae a los occidentales como la luz a las mariposas nocturnas. Pues si contemplamos a China como un gigante dormido que al fin despierta, lo primero que ha despertado es su dimensión de productividad extraordinaria (la segunda «pata»). Intérprete pésimo de la realidad, Occidente no ha comprendido que la nueva identidad de China va a permitirle superar la dimensión meramente productiva y volver a ser lo que fue hace dos mil años, un país creativo, lo que quiere decir creador de riqueza.

Cuando encarga a China la fabricación de todo lo que permitirá a ésta hacer cada vez más competitiva su industria, Occidente cree estar negociando con una especie de subcontratista. De alto nivel, por supuesto, pero subcontratista nada más. Lo que hay en realidad, y ése es un elemento esencial de la trampa, es un competidor dotado de gran talento, y que recibe complacido en bandeja todos los conocimientos tecnológicos que aún le faltaban (cuyo precio habría sido inasequible si el país hubiese recibido consideración y tratamiento de verdadero competidor). En otro tiempo Occidente subestimó a Japón. Ahora subestima a China, y quizá tendrá que pagarlo muy caro.

En lo que respecta a Occidente, su trayectoria estratégica está profundamente afectada por la globalización. Empujadas por ésta, las empresas externalizan todos los procesos que no forman parte del núcleo productivo. A continuación deslocalizan todo el acervo no estratégico. Forzado por la globalización, Occidente cree que puede admitir el principio de deslocalización y reservarse las funciones superiores de alto valor añadido, como la investigación, el desarrollo, el marketing, etc.

Después de la deslocalización, Occidente se tropezará —tal como los soldados austriacos se tropezaron con las tropas francesas, ocultas durante largas horas entre la niebla de Austerlitz— con las tropas chinas, competentes y fiables como ya se sabía, pero insospechadamente creativas e inventivas por añadidura. Dado este factor sorpresa, Occidente corre un alto riesgo de verse despojado de su superioridad. Sus tropas llegan en desorden, sin una estrategia o en todo caso, siguiendo estrategias suicidas.

La globalización: manual de uso

En una economía que se liberaliza y se desregula, la globalización emergente incita a racionalizar la totalidad de los procesos de producción de todas las empresas y, en particular, los de las industrias capaces de producir artículos en cualquier lugar del mundo. Todo ello a fin de obtener una competitividad máxima frente a sus rivales tradicionales o nuevos, que también optan por operar en el mercado global. En esa búsqueda de la competitividad óptima surgen numerosos procedimientos, desde la calidad total hasta la planificación de recursos de empresa (ERP, *enterprise resources planning*). Al término de este proceso de actualización según las normas mundiales, *in fine*, cada compañía se da cuenta de que su núcleo esencial de actividad óptima encarna todo aquello que ella sabe hacer mejor que cualquier otra. Entonces, por un razonamiento *a contrario*, considera que puede externalizar sin peligro cierto número de sus funciones, siempre y cuando no pertenezcan a ese núcleo esencial.

Dicho proceso de externalización, que implica la intervención de subcontratistas emplazados en el territorio nacional o en zonas socioeconómicas homogéneas, como es la Unión Europea para cualquiera de sus miembros, beneficia simultáneamente al consumidor y al productor.

De cara a la competencia, este proceso de externalización se convierte muy pronto en otro de deslocalización, y en ciertos casos esa diferencia representa un auténtico cambio de naturaleza. En efecto, muchos países pueden ofertar precios de fabricación muy bajos, porque no están sometidos a las mismas cargas sociales (vacaciones pagadas, jubilaciones y reducciones de jornada) que los países occidentales.

Llegados a este punto, cabe distinguir dos tipos de empresas deslocalizadas: aquellas cuyo control financiero y estratégico permanece en manos de quien deslocaliza (traslados de la producción al Magreb o a países de Europa del Este, por ejemplo), y aquellas que son o se hacen totalmente independientes del deslocalizador. He aquí por qué en China cualquier empresa deslocalizadora está obligada a participar en una *joint venture* con socios locales, al cincuenta por ciento en el caso más favorable. De este modo, los beneficios generados quedan en gran parte sustraídos al control del deslocalizador, y van a fertilizar y enriquecer el país donde opera la empresa subcontratista.

El proceso se reduce al absurdo cuando la empresa occidental decide funcionar como una mera «empresa virtual», es decir una compañía que se contenta con idear y distribuir sus productos, pero encarga toda su fabricación al extranjero. En tal situación de deslocalización industrial total, los promotores de la «empresa virtual» estiman que el poderío del que ha tenido la idea descansa en buena parte sobre la existencia de las actividades de investigación y desarrollo. Pero la experiencia ha demostrado que la eficacia de las actividades de investigación y desarrollo requiere la posesión de una fábrica por lo menos (mejor todavía si se tienen varias unidades de producción). A partir del momento en que una empresa se convierte por completo en virtual, en cierto sentido puede afirmarse que se está suicidando.

En casos muy concretos de industrias ligeras (como podrían ser Nike y Adidas para los artículos de deporte) el proceso puede ser tolerable. Pero resulta auténticamente suicida cuando afecta a los sectores industriales punta, y de modo especial si afecta a todos los sectores.

Es pues la ausencia de límites lo que conduce al sistema a su propia defunción. Cuando Serge Tchuruk, el presidente de Alcatel, declara su intención de llegar a tener un grupo industrial sin fábricas, esto significa simplemente que dentro de diez o veinte años, Alcatel se expone a no ser nada más que un nombre vacío de toda sustancia.

Por tanto, si no se produce dentro de los próximos decenios una inflexión en esa tendencia que afecta a la rama industrial de la globalización, los países occidentales se arriesgarán por ausencia de reflexión estratégica a verse privados de lo esencial de sus polos de competencia industrial. Sería suficiente que los cincuenta capitanes principales de la industria francesa se adhiriesen al razonamiento de Serge Tchuruk, y tendríamos la desindustrialización total de Francia.

Pero no queda ahí la cuestión. Aunque pueda objetarse ahora que el sector servicios aporta más del 70 por ciento de la creación de valor en un país desarrollado como Francia, fácilmente podemos replicar que esos servicios, por lo general, están vinculados directamente a la existencia de una industria viva y residente en el territorio nacional.

¿Qué aspecto tendrían mañana nuestro país y Europa entera, si desapareciesen los centros de trabajo donde se generan las innovaciones (que han de permitir la creación de puestos de trabajo y transforman en fuente de riqueza el conjunto de los saberes culturales, científicos y tecnológicos de toda una nación)? Así pues, ¿estamos diciendo que nuestros dirigentes se han vuelto unos inconscientes, unos ineptos o unos locos? Muy al contrario, en general se trata de personas inteligentes y bien informadas, sólo que son prisioneras de una lógica de corto alcance que les impide tener una visión estratégica global. Una lógica que es tributaria de los *stockholders,* es decir, de aquella visión según la cual el beneficiario de todas las actividades de la empresa debe ser el accionista, y sólo él. En esta tesitura, toda operación encaminada a incrementar el beneficio de una empresa se considera provechosa. Y la deslocalización, incluso admitiendo que sea peligrosa a largo plazo, se presenta como una posibilidad de mejorar los resultados empresariales durante varios años: «¡Cinco minutos más, por favor, señor verdugo!»

Existe una lógica casi opuesta a la de los *stockholders*, que es la de los *stakeholders*.

En esa lógica, la finalidad de la empresa no se reduce a satisfacer el interés de los accionistas, sino que debe tomar en cuenta los intereses de todas las personas que han invertido algo en la continuidad de aquélla, y que son los accionistas, los clientes, los proveedores, los empleados, los poderes públicos, etc. Sólo teniendo en cuenta a estos otros participantes o *stakeholders* se contará con una lógica que evite la trampa de la globalización. ¿Por qué? Gracias a la iniciativa de un actor esencial, aunque debilitado, que es el Estado. Así lo han comprendido los chinos, que aplican a fondo la lógica de *stakeholders* al desarrollar un capitalismo bajo control estatal, tras considerar demostrado que la lógica de *stockholders* es peligrosa además de no equitativa.

Con este análisis no postulamos que los líderes chinos hayan sido más amplios de miras, desde un primer momento, en comparación con los dirigentes occidentales. Es sólo que su evolución histórica los ha preparado mejor. Además saben extraer el máximo partido de la serie de errores estratégicos perpetrados por las empresas occidentales al transferir a otros países el *know-how* industrial que tanto les ha costado adquirir. Más adelante discutiremos por qué China está mejor equipada para absorber ese conocimiento que otras regiones del mundo. De momento, limitémonos a subrayar que Occidente ha privilegiado la lógica de reducción de costes, mientras que China privilegia la lógica de la perennidad.

Dicho sea de paso, se observa en las civilizaciones neoconfucianas la práctica constante de adoptar una opción ofensiva a largo plazo, las más de las veces a expensas del beneficio a corto plazo.

Lo expuesto aquí no pretende constituir un alegato contra la globalización, sino una reflexión sobre los efectos de la misma. Reflexión que tomaría en cuenta el largo plazo e intentaría prever los problemas en vez de tener que encararlos cuando hagan una irrupción masiva. Es decir, cuando se haya deslocalizado el núcleo de las industrias occidentales. La globalización presenta muchos efectos positivos, sobre todo para los consumidores. Pero en una lógica global, las ventajas obtenidas no deberían serlo a expensas de los productores o, peor todavía, a expensas del interés general de los países donde todos estos agentes operan.

Urge un planteamiento sistémico. Es un imperativo que Occidente no puede soslayar de ninguna manera.

Externalización y deslocalización: una lógica de efectos límite*

A la «globalización feliz» descrita por Alain Minc se le oponen las posturas anti-globalización cuyo encono ha trasladado el debate mediático a la calle. Todo el mundo recuerda los incidentes violentos que acompañaron a la reunión del G-8 en Génova, en julio de 2001. Aquí no nos adherimos a esas posturas. El proceso de globalización no es un mal en sí, pero conlleva una evolución hacia determinados límites que no pueden sobrepasarse sin provocar desequilibrios irreversibles.

Si queremos emitir una opinión basada en los hechos, y no en las imprecaciones, tendremos que volver la atención hacia el plano industrial, donde se encuentra la clave estratégica. El proceso de globalización conduce a la externalización y la deslocalización de las actividades manufactureras. Cada una de dichas etapas es beneficiosa para los consumidores y para los productores en un primer momento, por cuanto contribuyen a la estabilidad de los precios. Sin embargo, *in fine* el proceso conducirá a que Occidente se des-

* También llamados «efectos umbral» *(N. del T.)*

poje de su industria, primero, y de su acervo de conocimientos (los últimos avances en desarrollo industrial), en un segundo paso. Por eso decimos que tal proceso es peligroso para la prosperidad occidental.

¿Dónde situar, entonces, el umbral crítico entre lo beneficioso y lo nefasto? Vamos a tratar de identificarlo en lo que se refiere a la externalización primero y luego a la deslocalización.

La externalización: ¿dónde están los límites?

Pongamos un ejemplo trivial. Si un industrial desea disponer de dos corrientes de agua, la una lo más caliente posible y la otra muy fría, a lo mejor sucede que en esa búsqueda de la perfección el agua fría se convierta en hielo, y que el agua caliente lo esté tanto que se evapore. A partir de un cierto umbral, el empresario obtiene un resultado (ni agua fría, ni agua caliente) contrario al objetivo inicial.

De manera similar, en la industria del automóvil los constructores han ido externalizando, es decir transfiriendo procesos de producción a otros industriales, los proveedores de componentes, a quienes encargan la producción de partes para los vehículos que los constructores han diseñado bajo su marca. De este modo experimentaron un fuerte desarrollo algunos proveedores de primera línea como Bosch, Valeo, Delphi. De esa cadena de externalización viven además otros industriales de segunda, tercera, cuarta e incluso quinta línea (los fabricantes de tornillos, por ejemplo).

En la actualidad, y continuando en el sector del automóvil, el nivel de externalización es tal que los constructores no producen por sí mismos más allá del 18 por ciento del valor de las piezas de un vehículo. Por otra parte, la necesidad de ofertar un número cada vez más grande de modelos diferentes en un tiempo récord añade complejidad a la tecnificación necesaria para dominar las destrezas vinculadas al diseño, a los cálculos, al interfaz real/virtual, por ejemplo.

Debido a esta presión, paulatinamente los constructores han ido externalizando también estos conocimientos en favor de los industrializadores (otro neologismo profesional). En la actualidad éstos constituyen una especie de oligopolio compuesto por el grupo Duarte en Francia, dos grupos italianos que son Comau e Italdesign, y el alemán Bertrandt. Esos industrializadores poseen ahora (a expensas de los constructores, en cierto sentido) un conjunto de destrezas que representan un fortísimo valor añadido y van vinculadas a la concepción del vehículo propiamente dicha. Todavía no se sabe cómo van a mantener los constructores el control de lo que constituye el núcleo esencial de su actividad. Conforme pasa el tiempo, ¿no acabarán Renault y PSA convirtiéndose en simples marcas, casi del todo vacías de creatividad y de tecnología?

En suma, ¿hasta dónde hay que externalizar?

La respuesta debería ser: hasta el límite, mientras la empresa siga siendo totalmente dueña del núcleo esencial. La definición de ese límite no es cosa baladí. Su elección representa uno de los elementos clave de las opciones estratégicas a que se enfrentan cada día los directivos empresariales bajo las condiciones de la globalización.

La deslocalización: ¿dónde están los límites?

El proceso de deslocalización presenta muchas analogías con el problema del dopaje en el ciclismo. Al comienzo de ese proceso, algunos corredores de rendimiento mediano se dopan.

A la vista de los nuevos resultados tan inesperados como excelentes, poco a poco todos los corredores encuentran un incentivo para hacer lo mismo. Transcurrido un cierto tiempo, la jerarquía vuelve a ser la misma de los comienzos, es decir antes de la introducción de los productos dopantes. Con la diferencia de que todo el mundo se droga, y la salud o incluso la vida de los deportistas corren serio peligro.

Es entonces cuando la fuerza pública y la justicia intervienen para que los corredores dejen de doparse. Con la recuperación de la salud, también los resultados retornan a la situación anterior al episodio.

Con la deslocalización ocurre exactamente lo mismo. Al comienzo del proceso, un industrial en apuros halla alivio trasladando la fabricación de sus productos a algún país de bajo nivel salarial. Pero cuando la nueva ventaja competitiva que obtiene mediante esta deslocalización se vuelve demasiado importante, sus rivales, cuya competitividad era superior en otros tiempos, lo imitan. Así es como hemos llegado a no tener prácticamente industria textil en Francia.

En virtud del principio de la especialización sectorial internacional, algunos economistas destacan con razón que el tiempo de un técnico superior francés está mejor empleado fabricando un Airbus (a 50 euros la hora) que atendiendo un telar de algodón (a 5 euros la hora). ¡Evidente!

Además, la equidad reclama que todos los países del mundo reciban su parte de prosperidad.

Pero cuando el presidente de Alcatel, empresa que opera en el sector de la tecnología punta, declara que «en adelante quiero tener una empresa sin fábricas, y voy a ceder mis 120 fábricas externalizando y deslocalizando toda mi producción», se observa con claridad que todos los límites del proceso de deslocalización han quedado rebasados. Siemens y Alstom se enfrentaron a un dilema similar cuando los coreanos exigieron, en contrapartida por la adquisición del tren de alta velocidad, que se transfiriese a Corea la totalidad de las tecnologías implicadas.

Puesto que estamos hablando de un tipo de decisiones que pertenece al ámbito microeconómico, procede que nos preguntemos ahora cuál sería, en un sistema liberal, la entidad autorizada a dictaminar cuándo se han sobrepasado los límites. En el marco de la globalización, parece ya indispensable que se instituya un auténtico desarrollo reglamentario mundial que ordene el conjunto de las microdecisiones de deslocalización. De lo contrario, Occidente se expone a transferir incluso el núcleo esencial de sus actividades industriales. Y puesto que los límites peligrosos están siendo sobrepasados ya en todo momento, la cuestión es de máxima urgencia. Mientras tanto, ¡las fábricas chinas trabajan en tres turnos!

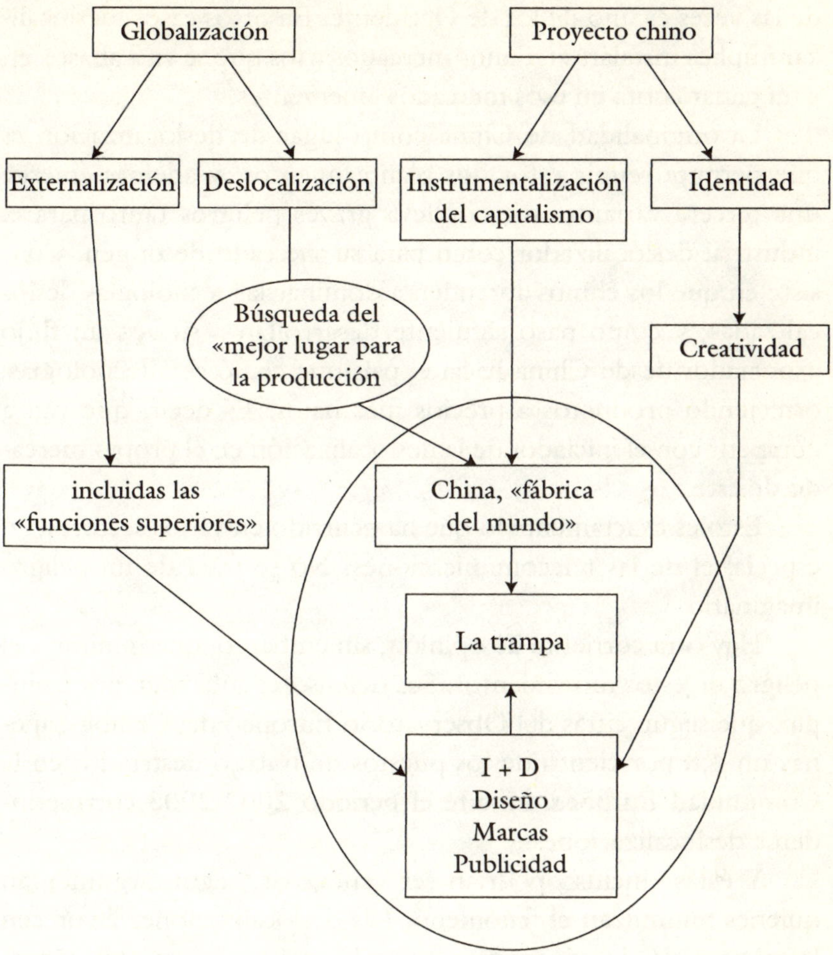

En el debate sobre las deslocalizaciones se le atribuye a este fenómeno —considerado hoy, de acuerdo con los sondeos más serios, como la preocupación principal de los europeos— una correlación con el desempleo

Conviene recordar que existen dos tipos de deslocalizaciones cuyas finalidades son diferentes.

En unos casos se trata de reducir mecánicamente los precios de coste de los productos manufacturados, recurriendo a salarios inferiores a los que rigen en el país deslocalizador, que la mayoría de las veces es uno de los de Occidente. En otros casos, deslocalizar implica instalarse en unos mercados a los que se va a abastecer, para ganar cuota en esos mercados emergentes.

La originalidad de China como lugar de deslocalización es que permite reunir estos dos planteamientos, y además emerge una tercera variante que conlleva graves peligros tanto para el industrial deslocalizador como para su mercado de origen. Consiste en que los chinos aprenden a dominar las tecnologías deslocalizadas, y como paso siguiente desarrollan a su vez un flujo exportador desde China hacia el país que cedió esas tecnologías, ofreciendo productos a precios más bajos. Es decir, que van a competir con el iniciador de la deslocalización en el propio mercado de éste.

Esto es exactamente lo que ha ocurrido en varios sectores, en especial el de las telecomunicaciones. No se trata de un peligro imaginario.

Hay otra corriente de opinión, sin embargo, que minimiza el peligro de estos movimientos. Sus defensores subrayan, por ejemplo, que según cifras del Observatorio Europeo del Cambio, apenas un 4,8 por ciento de los puestos de trabajo destruidos en la Comunidad Europea durante el período 2002-2003 corresponden a deslocalizaciones.

Y éstas incluso podrían ser ventajosas, según argumentan quienes minimizan el fenómeno. Las deslocalizaciones favorecen la solvencia de los consumidores en los países emergentes, y permiten que accedan a la categoría de consumidores y entren en el círculo virtuoso de la globalización muchos que en otro caso habrían quedado marginados.

Los que no ven nada malo en la deslocalización estiman que dicho fenómeno, al contribuir a bajar los precios por reducción del coste de los productos manufacturados deslocalizados, proporciona a los occidentales una capacidad adquisitiva adicional. Capacidad que puede emplearse en la compra de otros artículos y, por tanto, contribuye al desarrollo de la economía y suscita la creación de nuevos puestos de trabajo. Una vez más se verifica el postulado schumpeteriano de la «destrucción creadora».

Si globalmente podemos atribuir algún fundamento a estas consideraciones, no es menos cierto que sobre el terreno, cada caso de deslocalización acarrea un drama social, porque empobrece a una ciudad, a una región y a un país.

En realidad, el problema de las deslocalizaciones debe examinarse en el plano más general. Se trata de saber qué función le corresponderá a la industria en el seno de los procesos del capitalismo moderno, cuyo objetivo consiste en maximizar la captación de valor añadido.

Podemos considerar el sistema industrial como un subproducto de la demanda global de bienes y servicios. La empresa (denominada empresa virtual) que promueve una innovación, y que la capitaliza —en forma de marca comercial cuya notoriedad se sostiene mediante enormes presupuestos de publicidad—, y que controla la distribución del producto, de hecho puede considerar que la producción del mismo no es más que una simple función subcontratable, a la que no corresponde sino una pequeña parte del valor añadido total.

En estas condiciones, asistimos a una inmensa carrera de velocidad entre la innovación y la fabricación. Y el desenlace de esa carrera dista de hallarse predeterminado a favor de los occidentales, porque al igual que los japoneses y los coreanos, los chinos también se han lanzado a invertir fuertemente en investigación y desarrollo. Y por ahora la potencia asiática, émula de Estados Unidos, lleva las de ganar. Ya no queda ni una sola compañía europea entre las diez empresas mundiales que controlarán la cuarta oleada de nuevas tecnologías de la información (que son las vinculadas a los PUCS o *Pervasive Ubiquitous Communication Systems* destinados a reemplazar nuestros ordenadores personales), que de 2008 en adelante constituirán el núcleo del sector de mayor valor añadido que será al mismo tiempo el de más fuerte desarrollo del planeta.

Guste o no, China estará entre los cinco agentes principales de estas nuevas tecnologías, con Estados Unidos, Japón, Corea y el minúsculo Israel que habrá sabido conquistar su parte en esa nueva ola de innovación masiva.

Tal es el desafío a que se enfrenta Europa. Lo mejor que podrían hacer los europeos, mientras disponen todavía de los medios tecnológicos y humanos, sería dedicarse a resolver la mágica ecuación innovación/emprendedor que es el fundamento del progreso material, y por ende social de la humanidad. Desde que el emprendedor británico Boulton conoció al sabio innovador Watt y decidió fundar con este inventor genial la primera empresa moderna de todos los tiempos, el proceso se ha reproducido en todas las latitudes.

La estrategia proactiva, por tanto, sería la más adecuada, en vez de ceder a la tentación puramente defensiva de frenar las deslocalizaciones con el arma fiscal (por número de puestos de trabajo destruidos, etc.).

Puesto que la meta del gran juego económico es captar el máximo de valor añadido, ¿no sería aconsejable estimular fuertemente a las empresas deslocalizadoras que se comprometan a dedicar un porcentaje importante del diferencial de valor añadido realizado mediante la deslocalización (un 50 por ciento, digamos) a invertir en actividades nuevas, es decir resultantes de un proceso ambicioso de investigación y desarrollo? De este modo se crearían riquezas importantes que originarían en el país deslocalizador nuevos puestos de trabajo de una entidad superior a la de los deslocalizados.

Es decir, enriquecerse para enriquecer a la colectividad propia y que ésta lo ponga en manos de los inventores emprendedores, o dicho de otra manera, iniciar un círculo virtuoso de efectos recursivos entre creatividad y creación de riqueza y de empleo.

Aún sería posible explorar otras pistas, siempre en el sentido de favorecer el desarrollo, no la defensa de posiciones previas y forzosamente frágiles.

Se trata de entablar un combate de judo con nuestros rivales asiáticos en general, y con los chinos en particular, convirtiendo nuestras limitaciones en oportunidades positivas.

Lo expuesto tal vez sorprenderá al lector, si es la primera vez que cobra conciencia del peligro que suponen las deslocalizaciones.

Hay que insistir en que aquí no atribuimos ese proceso a China, porque es la propia globalización quien ha planteado el problema.

El lector se pregunta: ¿qué hacer?

Recordar la irrupción del fenómeno indio, paralelo al de China («China, fábrica del mundo»), pero con el posicionamiento de «India oficina del mundo», sin duda no haría más que agravar la angustia. Pero tomar conciencia de un peligro, cualquiera que éste sea, constituye en sí un factor positivo.

Llegados a este punto se imponen tres observaciones:

La primera, que desde hace unos treinta años numerosos futurólogos se han empeñado en describirnos un mundo nuevo, casi idílico, en el que sólo una minoría continuaría trabajando y sería suficiente para alimentar (en todos los aspectos) a toda la sociedad. Estamos bastante lejos de eso, porque hoy día la persona que no tiene empleo pierde una parte sustancial de sus ingresos así como la totalidad de su legitimación social.

¿Por qué es así? Porque el sistema de redistribución de las riquezas creadas por los que trabajan es de una eficacia muy poco satisfactoria. El Estado-providencia funciona mal, o mejor dicho funciona cada vez peor.

La segunda observación va dirigida a los que contemplan el fenómeno de la deslocalización como uno de los mecanismos de la «destrucción creadora», siguiendo el concepto acuñado por el economista austríaco Joseph Schumpeter. Hay que rendirse a la evidencia y admitir que en nuestros países, el ritmo de destrucción de empleo es superior al de creación de nuevos puestos de trabajo. Ésa es una de las principales razones del paro casi multitudinario que padecemos.

Urge determinar cuáles son los agentes susceptibles de crear nuevo empleo. Por supuesto el Estado no puede ser uno de ellos, en la práctica, porque se limita a administrar puestos de trabajo suplementarios (administración, control). En cuanto a la minúscula clase de los emprendedores, obviamente la fiscalidad y las cargas sociales no le transmiten demasiado estímulo, por no mencionar los riesgos financieros y jurídicos que también le afectan.

Miles de puestos de trabajo habrían podido ser creados por

los «empresarios emprendedores», pero no lo han sido, a falta de estímulos y motivación para los creadores de empleo.

La tercera observación se refiere a la diferencia entre la deslocalización sufrida y la deslocalización dirigida.

Los elementos de la deslocalización sufrida son: una empresa, un producto banal y una competencia centrada en una sola variable, el precio.

Ese tipo de deslocalización es el que conduce a la nomadización de la empresa en búsqueda permanente de los precios de coste más bajos que sean posibles. Así, hemos visto empresas textiles francesas que han trasladado su producción sucesivamente a Túnez, a la isla Mauricio porque tienen allí costes salariales más bajos que en Túnez, y finalmente, por ahora, a China... hasta que descubran otros salarios todavía más bajos. Son empresas que se enfrentan permanentemente a una «competencia insostenible».

En cambio, la deslocalización dirigida, o controlada, es la que permite aprovechar la globalización, no sufrirla.

En este ámbito sigue siendo vigente *La leçon japonaise*. El célebre M.I.T.I. (*Ministry of International Trade and Industry*), instrumento estratégico del Gobierno japonés que contribuyó mucho al extraordinario desarrollo nipón, y que fue dado por difunto prematuramente sigue en activo, aunque haya cambiado de nombre (METI). En colaboración con muchas de las principales empresas de Japón ha concebido estrategias que integran la deslocalización como soporte para la creación de una nueva cadena de valores que implica a las filiales de dichas empresas en el extranjero.

De esta manera, las compañías japonesas que instalaron unidades de producción en el área asiática del Pacífico, y especialmente en China, se hallan en condiciones de definir, empleando criterios sumamente rigurosos, en qué momento pueden decidir entre el beneficio aportado por el bajo nivel salarial del país al que se trasladó la producción y el hecho de relocalizar sus unidades de producción cuando otros criterios pesan más que los salarios.

Dichos criterios pueden ser múltiples: proximidad, acceso más fácil al mercado, mejor control de la calidad, diálogo más innovador con el departamento de I + D, etc.

Por estas razones, ahora mismo cerca de un 10 por ciento de las fábricas japonesas deslocalizadas se están relocalizando en Japón.

Por supuesto, tal estrategia sólo se halla al alcance de los grupos que disponen de varias unidades de producción. En lo que se refiere a Europa, parece ser que algunas empresas quizás esperen el momento en que les sea posible volver a trasladar su producción a sus países de origen.

En Europa queda mucho por hacer para que se den condiciones que estimulen la inversión. El World Economic Forum, que establece todos los años una clasificación de competitividad comparada entre países, diagnostica una degradación constante de la posición competitiva del conjunto de la CE.

Para terminar, reafirmemos una vez más que no son los costes salariales el único criterio determinante, sino todos los parámetros que componen lo que se llama «la competitividad de un país».

La victoria de China será, ante todo, nuestra derrota colectiva. China se conforma con llevarse los frutos que hemos recogido para ella.

2

El desquite del mundo chino

La sucesión

Todos los días se desarrolla ante nuestros ojos un acontecimiento de importancia estratégica principal, que durante este primer siglo del tercer milenio dejará su impronta, no sólo en Asia sino en el mundo entero: Japón está cediendo el testigo a China. Deslumbrado por los éxitos japoneses, Ezra Vogel había visto en el Imperio del Sol Naciente el «futuro líder mundial». ¿Exageramos la trascendencia del irresistible impulso chino cuando aseveramos que, en lo sucesivo, el Imperio de la Tierra Media se inscribe en la trayectoria de próximo líder mundial?

Los datos parecen recomendar prudencia: Japón sigue siendo, y con mucho, la superpotencia asiática. Representa todavía, y sin duda para mucho tiempo, las dos terceras partes de la riqueza del continente. El país está sobradamente dotado de infraestructuras modernas, y una oferta diversificada abastece al mercado de productos de todos los países, que ofrecen la máxima fluctuación de gamas de precio y de calidad.

Frente al mundo industrial, el de Occidente y de Japón, rico pero atormentado por cavilaciones ontológicas, los países emergentes se presentan portadores de un proyecto más simple: alcanzar el pelotón de los países maduros mediante un crecimiento acelerado y sin reparar en el coste humano (principalmente, las fracturas sociales). Están dispuestos a pagar ese precio porque para ellos sería peor la ausencia de desarrollo. China es el arquetipo de esos países ávidos de desarrollo, y ofrece ese aspecto de agudos contrastes entre las megalópolis hipermodernas y las aldeas que vegetan en una economía de subsistencia. Según estos criterios China sigue siendo, en gran medida, un país subdesarrollado.

Entre China y Japón la diferencia real es inmensa. Japón, que tiene diez veces menos habitantes, comparado con China, produce cinco veces más que está. ¿De dónde proviene, pues, la sensación compartida por muchos observadores y expertos de una «cesión del testigo» entre estos dos países? Del diagnóstico de World Economic Forum en su clasificación anual de los países a tenor de su «competitividad», y de lo que más recientemente ha formulado Christian Sautter en una ecuación que sorprende por su acierto,* según la cual el parámetro que describe mejor el porvenir de los países es el dinamismo expresado en índices de crecimiento.

Mientras Japón ha entrado en un marasmo visible, con un índice de crecimiento próximo al cero, China se desarrolla desde hace veinte años a una velocidad impresionante (10 por ciento anual, con «picos» próximos al 20 por ciento y un «soft landing» (aterrizaje suave) conducido con mano maestra por Zhu Rongji para atemperar dicho crecimiento alrededor del 8 por ciento). Parece obvio que sólo es cuestión de tiempo que China desbanque a Japón.

Hay otro elemento que ha tenido en cuenta Christian Sautter, y es el factor masa. China representa la primera masa demográfica mundial y, al mismo tiempo, una de las masas económicas principales (el PNB chino se acerca al de Italia).

Masa y velocidad constituyen la energía cinética que, a nuestro entender, hace irresistible el «empuje chino».

A ello se añade un elemento del orden inmaterial que es la garantía más segura de la perennidad de ese crecimiento, mejor todavía que los «motores» puestos de manifiesto en el estudio de prospectiva que desarrollamos en este libro. Es la voluntad que

* Le Cercle des économistes, *Espérance et menaces de la nouvelle économie*, Descartes & Cie. 2000.

caracteriza a los habitantes del país y la ambición de que son portadores. No hay más que visitar China para captar dicho elemento, el afán inmenso de estudiar, de vivir mejor, de «triunfar». En la actualidad, curiosamente, los más emprendedores tratan de satisfacer ese anhelo marchándose de China. Se constituye una nueva diáspora, portadora de una contradicción que sólo el tiempo resolverá. De momento, es pérdida de sustancia, «fuga de cerebros». Pero más adelante será una energía fecundadora, a la manera de la «antigua» diáspora china.

En efecto, fueron los *tycoons** de Hong Kong, Macao, Kuala Lumpur, Taipei, Singapur, quienes hicieron triunfar la apuesta del «Pequeño Timonel» Deng Xiaoping por la apertura y la economía socialista de mercado.

Los chinos futuros diplomados por Harvard, Berkeley, Stanford, HEC, Ponts et Chaussées, así como los patronos de las nuevas empresas del Silicon Valley y demás «incubadoras de talentos» del mundo entero, se preparan para el advenimiento de una China científica, emprendedora y más abierta todavía sin exceptuar el ámbito de la expresión de las ideas. Hay un chocante contraste entre estos personajes y los jóvenes japoneses de ciertos barrios de Tokio que expresan con sus actitudes decadentes una visible pérdida de referencias.

Resistencia a la crisis de 1997

La crisis asiática del verano de 1997, fecha memorable en la historia de China

La crisis de 1997 marcó un viraje decisivo para el Extremo Oriente. En primer lugar, indujo la aparición de un «bloque de resistencia» a la crisis que golpeó toda la región más oriental de Asia. El núcleo principal de resistencia fue la misma China, y gracias a ella

* Título dado al shogún del Japón. Por extensión magnate, hombre de negocios de gran poder e influencia. *(N. del T.)*

resistieron también otros países, todos ellos inscritos en la órbita del «mundo chino»: Hong Kong, Singapur y Taiwan. El mundo chino *stricto sensu* (es decir, los países de población mayoritariamente china) continuó la carrera, mientras que los países de la región septentrional (Japón y Corea del Sur) quedaron muy tocados, a tal punto que se vieron obligados a cuestionar de arriba abajo sus políticas. El sureste asiático, por su parte, (formado por países que tienen minorías chinas) se derrumbó incluso en el plano político. A partir de entonces, China se convirtió en la referencia para el mundo chino, y en el motor principal de crecimiento.

En segundo lugar, en el mismo año 1997 se produjo un cambio en lo tocante a las ambiciones de China. Si hasta entonces maquinaba reducir su atraso y aprender con paciencia las reglas de un juego nuevo para ella, fundándose en el mercado y en la apertura internacional, en adelante China emprende una carrera nueva, la de la aspiración al liderazgo de Asia, en una primera fase, y mundial a continuación.

El liderazgo asiático se lo está cediendo Japón a China. Basta una visita a los dos países para observar el asombroso contraste: Japón opulento, pero sumido en profundas dudas sobre su modelo de sociedad y su modo de vida, frente a una China enérgica, impaciente, segura de hallarse en el camino hacia la victoria y dispuesta a pagar el precio (los parados, los marginados, la delincuencia, la contaminación) para entrar a formar parte del club de los países ricos. Contraste tanto más llamativo, por cuanto la apariencia sigue siendo la de un Japón superpotente, donde un 5 por ciento de la población de Asia oriental produce el 60 por ciento de la riqueza de dicha región. En la comparación, China presenta signos de atraso y desequilibrio muy numerosos y visibles para todo el mundo.

El cambio de rumbo, por consiguiente, se ha realizado en los corazones y en los espíritus antes que en los hechos. Por esta razón, en lo sucesivo suprimiremos el interrogante que figuraba en el título de nuestro libro anterior *La Revanche du Monde Chinois?* Ya no caben dudas, sino que ahora estamos ante un movimiento casi irreversible.

La extraordinaria resistencia del mundo chino a la crisis asiática de 1997

Al analizar cómo resistió China a la crisis descubriremos todos los factores que justifican su consideración como irresistible número uno mundial del futuro.

Frente a un sureste asiático que presenta síntomas de derrumbarse como un castillo de naipes, frente a una Corea del Sur que ha debido renunciar para muchos años al sueño de figurar entre las naciones «triunfadoras», el mundo chino y la misma China, sobre todo, siguen presentándose como un bloque de resistencia y de relativa prosperidad. En consecuencia, no ha de sorprender que Japón, en crisis desde 1990 y golpeado por una segunda crisis cuando aún estaba muy lejos de haberse rehecho de la primera, parezca «ceder el testigo» del liderazgo a una China triunfante.

Adviértase que la resistencia de China a la crisis no es un fenómeno únicamente psicológico. Esta resistencia desencadenó mecanismos económicos y financieros concretos, y es importante comprenderlos. Para facilitar este análisis distinguiremos entre la política económica china anterior a la crisis y la que China puso en marcha cuando la crisis estalló.

Antes de la crisis

China gozó de una oportunidad doble. La primera, el «despegue retrasado» que presentó en comparación con el resto de Asia. Ha sido el último «ganso» de la bandada con que se representa el desarrollo de los países asiáticos.

Menos vinculada con la globalización, por consiguiente, China quedó resguardada de los acontecimientos exteriores.

La segunda, que un hombre (Zhu Rongji, entonces viceprimer ministro encargado de la economía, y primer ministro en el momento en que se escriben estas líneas) supo ver que la economía china entraba en fase de recalentamiento, lo cual daba lugar a la proliferación de burbujas especulativas. Sin pérdida de tiempo, las «pinchó» todas. El famoso «aterrizaje suave» de 1993 a 1998

El desarrollo de las economías asiáticas o el «vuelo de los gansos silvestres»

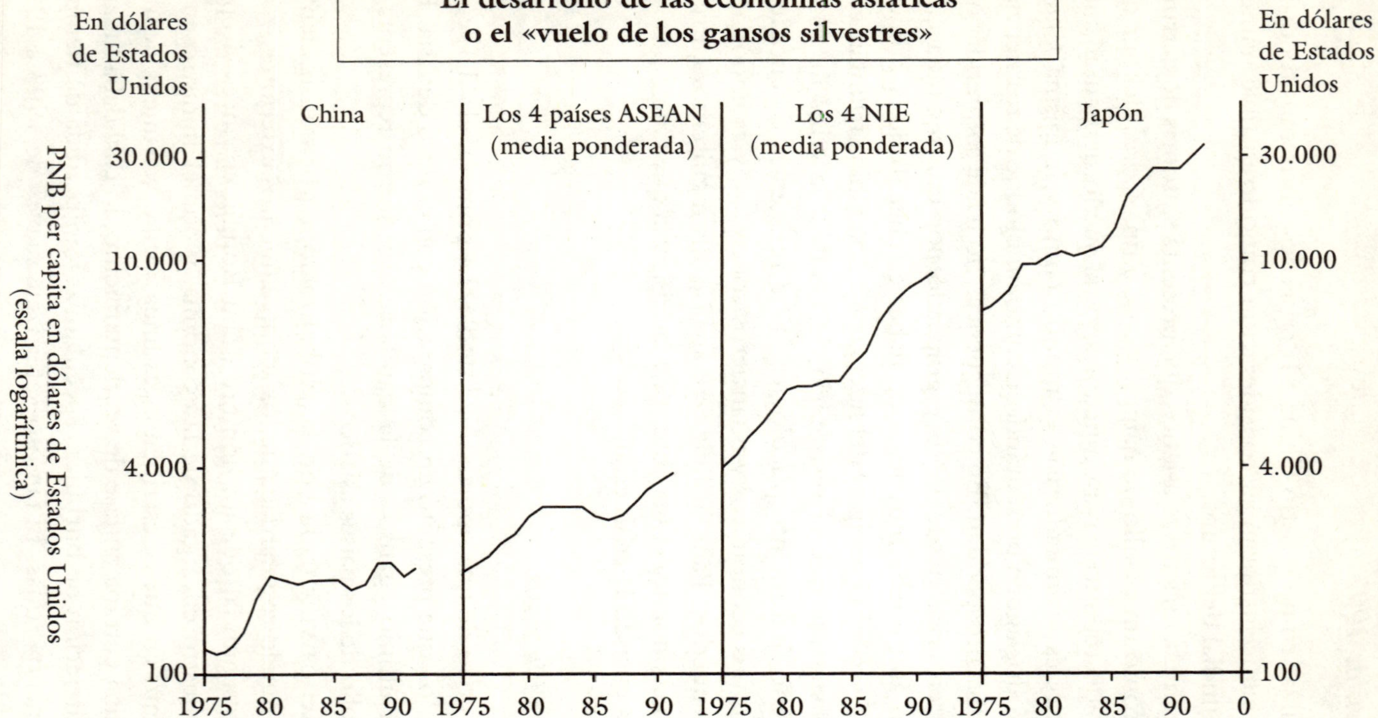

Nota: Los 4 países del ASEAN: Filipinas, Malasia, Indonesia, Tailandia. Los 4 NIE: Singapur, Corea del Sur, Hong Kong, Taiwan.

Fuente: Nomura Research Institute y estadísticas nacionales

hizo posible que China ofreciese el escaparate de una economía estabilizada en la precisa coyuntura en que estallaban todas las «burbujas» asiáticas.

El despegue diferido

Llegada más tarde a la condición de país económicamente emergente, en comparación con los demás de Asia (la apertura impulsada por Deng Xiaoping no comenzó hasta 1979), China se hallaba todavía en esa fase del desarrollo económico que reclama decisiones sencillas. Se trataba de construir en primer lugar las infraestructuras de base, las industrias de desarrollo (la textil y la agroalimentaria, la de la hulla, la siderometalúrgica, la del automóvil y la electrónica). Ésa es una fase feliz, en el sentido de que la corrupción todavía no entra en contradicción con las decisiones económicas necesarias (teniendo en cuenta que se trata de un fenómeno ineludible y concomitante del sistema basado en el «triángulo de poder» gobierno-burocracia administrativa-grandes compañías públicas que ha gestionado el despegue de todos los países asiáticos). Existe la corrupción pero sólo se ejerce en el interior de un programa de desarrollo que en sí es sano. Además sirve para engrasar los engranajes de decisión, todos los cuales giran alrededor del Partido Comunista Chino (PCCh). Y éste, tras superar la crisis interna más grave (la de los «acontecimientos» de junio de 1989 en la plaza de Tian An Men), quedó cohesionado alrededor de «los dos de Shanghai», a saber, Zhu Rongji y Jiang Zemin. La corrupción se halla más o menos controlada, en tanto los dirigentes promueven con cierta periodicidad espectaculares operaciones de limpieza (como la que suscitó la caída del vicealcalde de Pekín y luego la del de Xiamen).

Por otra parte, China todavía está muy defendida frente a los peligros del exterior. Cierto que la política de exportación a ultranza implica, a priori, una vulnerabilidad de la economía china frente a los caprichos de la demanda mundial, puesto que el país vende a Estados Unidos, a Japón, a Europa y al resto del mundo. Pero su política de «subcontratas» la protege contra las fluctuaciones de la demanda. En efecto, las ventas chinas son resultado de empresas mixtas que representan una sólida y duradera vinculación entre el comprador extranjero y el vendedor, en todo lo referente a la definición del producto y a los controles de calidad. Y todo el proceso queda asegurado por contratos que se negocian a largo plazo.

De esta manera, el aumento moderado de los costes ha quedado compensado por las mejoras de productividad y de calidad, y ello a su vez mantiene la competitividad de los chinos: ¿qué otro país del mundo puede ofrecer esa capacidad casi ilimitada para producir en grandes cantidades, para adaptarse a todas las demandas, y para mejorar de manera incesante?

Al mismo tiempo, el Estado protege a sus «industrias en ciernes» con un fuerte arancel, además de redoblar los controles aduaneros (sobre todo en el «coladero» de Hong Kong), y con la ayuda del yuan, moneda no convertible y relativamente «débil». Al aferrarse a su condición de país «subdesarrollado», China se reserva algunos derechos importantes: controlar los movimientos de capitales, privilegiar las inversiones directas de extranjeros (IDE) y desincentivar la inversión especulativa (sobre todo, por el control que ejerce sobre las Bolsas de Shanghai y Shenzhen).

El «soft landing», 1993-1998

Así fue el aterrizaje suave, expresado en porcentajes de crecimiento:

1993	13,4
1997	8,8
1998	7,8
1999	7,1
2000	8,1
2001	7,2
2002	8,2
2003	9,1
2004	9,3

En realidad, China sufrió la crisis antes de la crisis. Un crecimiento que se embala (más de 12,4 por ciento de promedio anual entre 1990 y 1995) y unos precios disparados (24,2 por ciento de inflación en 1994). Esta inflación respondía a la concurrencia de tres factores: la especulación inmobiliaria, el coste del endeudamiento con los bancos extranjeros (japoneses sobre todo) y el déficit presupuestario creciente debido a las pérdidas enormes sufridas por el sector de las empresas de propiedad estatal (o SOE, *state owned enterprises*).

En junio de 1993 Zhu Rongji puso en marcha un plan quinquenal de ajuste económico, del cual vale la pena destacar un detalle: que funcionó, para no poca sorpresa por parte de los observadores extranjeros. Dicho plan fue esencialmente financiero, con la finalidad de ir desecando los flujos monetarios a través de la política del Banco Central. Los resultados fueron espectaculares: se recondujo la inflación hasta el 8,6 por ciento en 1996, y luego al 0,8 por ciento en 1997. Al mismo tiempo, el crecimiento se estabilizaba a un nivel elevado, alrededor del 8 o 9 por ciento. Fue preciso pagar un precio a cambio: aumento del paro, quiebras, aplazamiento de proyectos inmobiliarios. Pero hizo posible que China se hallase en buena posición cuando llegó el momento de enfrentar la crisis de 1997.

Punto clave del plan fue la inclemente (40 por ciento) devaluación del yuan en 1994. Fue una operación anticipada, y así las autoridades pudieron prometer, en pleno momento álgido de la crisis (otoño de 1997 a primavera de 1998): «No devaluaremos». Muchos economistas no lo creyeron. Pero estaban equivocados, porque el gobierno chino cumplió y además supo gestionar la salida de la crisis.

En plena crisis

Cuando estalla la crisis asiática en 1997, China ya ha pinchado su burbuja financiera, ha devaluado su moneda y ha recuperado el control de su gestión macroeconómica. Las arcas públicas están llenas (140.000 millones de dólares de Estados Unidos (USD) en

1997, 165.000 millones en 2000), y la deuda exterior (148.000 millones de USD) se estructura a largo plazo. El indicador principal, la cifra de exportación, se defiende bien. Aunque todos los países competidores de Asia se han lanzado a una catarata de «devaluaciones competitivas», sigue fuerte la competitividad de los productos chinos (que no se basa únicamente en los precios). Como elocuente demostración, la participación de China en el comercio mundial: del 0,31 por ciento de 1980 ha pasado al 5,2 por ciento en 2002.

Las autoridades chinas han sabido calibrar la dimensión del peligro. Les consta que, si mantienen la apuesta de no devaluar, sacarán un beneficio considerable en términos de imagen y de credibilidad. Se aplica entonces un plan de relanzamiento económico. O mejor dicho, éste ha comenzado un poco antes, a la vista de los buenos resultados del programa de *soft landing*, y ante el peligro de que la actividad económica pierda impulso. A falta de capital, encarecido por tipos de interés altísimos, el mantenimiento relativo de la inversión empresarial queda confiado, *in fine,* al flujo de capitales del exterior y a la continuidad de las operaciones de *joint venture.*

En estas condiciones, las autoridades juzgan prudente transferir la responsabilidad del crecimiento a la inversión pública, que va a centrarse sobre todo en las infraestructuras y en las *State Owned Enterprises* (SOE). El déficit presupuestario del relanzamiento se financia con títulos de deuda pública (de 15.000 a 20.000 millones de USD por año en obligaciones del Estado), lo que permite movilizar una parte del enorme ahorro privado chino (80.000 millones de USD). La deuda pública se mantiene a un nivel bastante aceptable (menos de 20 por ciento del PNB, y 14 por ciento en 1999), sobre todo si se compara con el endeudamiento público nipón (los japoneses han acumulado una deuda pública interior equivalente a 1,5 o 2 veces el PNB). Una parte de estas inversiones públicas va ligada al magno designio político proclamado como «la conquista del Oeste»: el presa de las Tres Gargantas y el desarrollo de ciudades-portales de entrada a las regiones occidentales del país (como Xian, la antigua capital de los Qin). Estas obras conllevan la promesa de resolver el gran problema del desequilibrio de China (entre la franja costera y el interior), reduciendo al mismo tiempo la presión inflacionista en las grandes ciudades del Este y abriendo a la inversión extranjera vastas zonas de producción a bajo coste.

Paralelamente, y en previsión de una reducción en el ritmo de crecimiento de las exportaciones (por caída de la demanda asiática, sobre todo la japonesa, y augurios de crisis en Estados Unidos, etc.), China procede a una nueva devaluación del yuan (oculta, esta vez, ya que consiste en aumentar la tasa de devolución del IVA para las empresas exportadoras). El tipo de referencia del Banco Central chino pasa del 9 por ciento en julio de 1995 al 1,98 por ciento en 2002.

Y lo más importante, China se ha propuesto la apertura de un nuevo mercado para sus empresas: el mercado interior. Se han previsto tres líneas directrices. La primera es el acceso a la propiedad inmobiliaria para todos los chinos. Las grandes empresas que alquilaban casi gratuitamente las viviendas a sus empleados proceden a vendérselas bajo condiciones financieras muy favorables. Mediante programas de construcción de apartamentos se corrobora la perspectiva deliberada de convertir a China en una nación de propietarios. Dicha política desencadena una formidable demanda de todos los artículos que constituyen el equipamiento habitual de un piso, y suscita la aparición de una oferta china diversificada.

La segunda directriz consiste en fomentar la instalación de una red de centros comerciales de grandes superficies que ofrecen descuentos. Generalistas (como Carrefour) o especializados (en artículos de decoración, bricolaje, etc.). El éxito de estos centros comerciales, en aparente incompatibilidad con la escasez de automóviles privados, demuestra la voluntad de realizar compras inteligentes y constituye un síntoma de la madurez del consumidor chino.

Por último, las *joint ventures* participadas por extranjeros se encaminan cada vez más a la satisfacción de la demanda interior. De este modo consigue China mantener intacto su atractivo para los inversores extranjeros: primer destino de colocaciones de capital en Asia, y segundo (después de Estados Unidos) a escala mundial. En cierto sentido, los occidentales han tomado el relevo de los capitales de la diáspora china.

Conclusión

La crisis reveló a China en primer lugar al resto de asiáticos que, desde entonces, la aceptan como el corazón de Asia. Pese a su inconvertibilidad, el yuan es moneda admitida en Tailandia y, de hecho, en otros muchos países de Asia.

Y sobre todo, China se ha revelado con la crisis a sus propios ojos. Al verse capaz de dominar la situación con una maestría unida, desde luego, al control de los engranajes principales del país por el Estado, halla corroborada su interpretación de la economía de mercado... y de paso se convence de que interesa conservar «la parte socialista». La nación se ha dado cuenta de que la inmensidad de su población y de su territorio le proporciona una fuerza irresistible. Son inagotables las reservas de mano de obra, las fuentes de competitividad, la creatividad, a condición de no caer en el caos y de saber retener las ventajas principales.

Ante todo, se trataba de responder a la demanda interna con medios propios. Gracias a ello, China pudo negociar en condiciones más favorables su ingreso en el mundo abierto de la Organización Mundial del Comercio. Con el apoyo de este mercado, puede albergar la esperanza de definir un modo específico de desarrollo que no sea demasiado dependiente de la demanda de los países más fuertes, ya que éstos además de comerciar con ella son rivales.

Y por encima de todo, lo que obtiene China con su gestión reciente es un mejoramiento de imagen que quizá no esperaba conseguir en tan poco tiempo. La insospechada capacidad de resistencia con que contribuyó a mantener el equilibrio mundial vino a ser una especie de milagro histórico. China es perfectamente consciente de esa realización, de la que extrae certidumbres de cara al porvenir.

3

El renacimiento en China

Los occidentales pudieron conquistar la supremacía en lo económico, lo militar, y lo cultural (véase el gráfico de la página siguiente)* gracias a un factor desencadenante: el Renacimiento. En dicha época los espíritus se abrieron a la idea de progreso y eso determinó que Europa se lanzase hacia la vía de las revoluciones industriales. Este concepto de «renacimiento» será el hilo conductor del presente capítulo.

En efecto, es evidente que estamos asistiendo «en directo» a una segunda revolución cultural, después del fracaso de la primera, que entre 1966 y 1976 trató de quebrar el propio maoísmo por considerar que obstaculizaba la creación del hombre nuevo que habían soñado los vencedores de 1949. El Pequeño Timonel lanzó el envite inmenso, arriesgado, de la «apertura», de cuyo triunfo hoy somos testigos.

Esta «apertura» ha consistido en acoger tanto las ideas «del exterior» como la entrada de capitales extranjeros. En Asia no tiene otro término de comparación, salvo la Revolución Meiji japonesa iniciada en 1868, ¡ciento diez años antes! O más recientemente y a una escala mucho más modesta, la experiencia de Singapur.

* Este esquema figura en la cubierta del libro de los autores, *La Revanche du Monde Chinois?*, Economica, 1997, reeditado en 1999, con prefacio de Alain Peyrefitte. Para su realización nos guiamos por las indicaciones del señor Zheng Lu Nian, profesor chino que enseña en Francia las diferencias culturales franco-chinas.

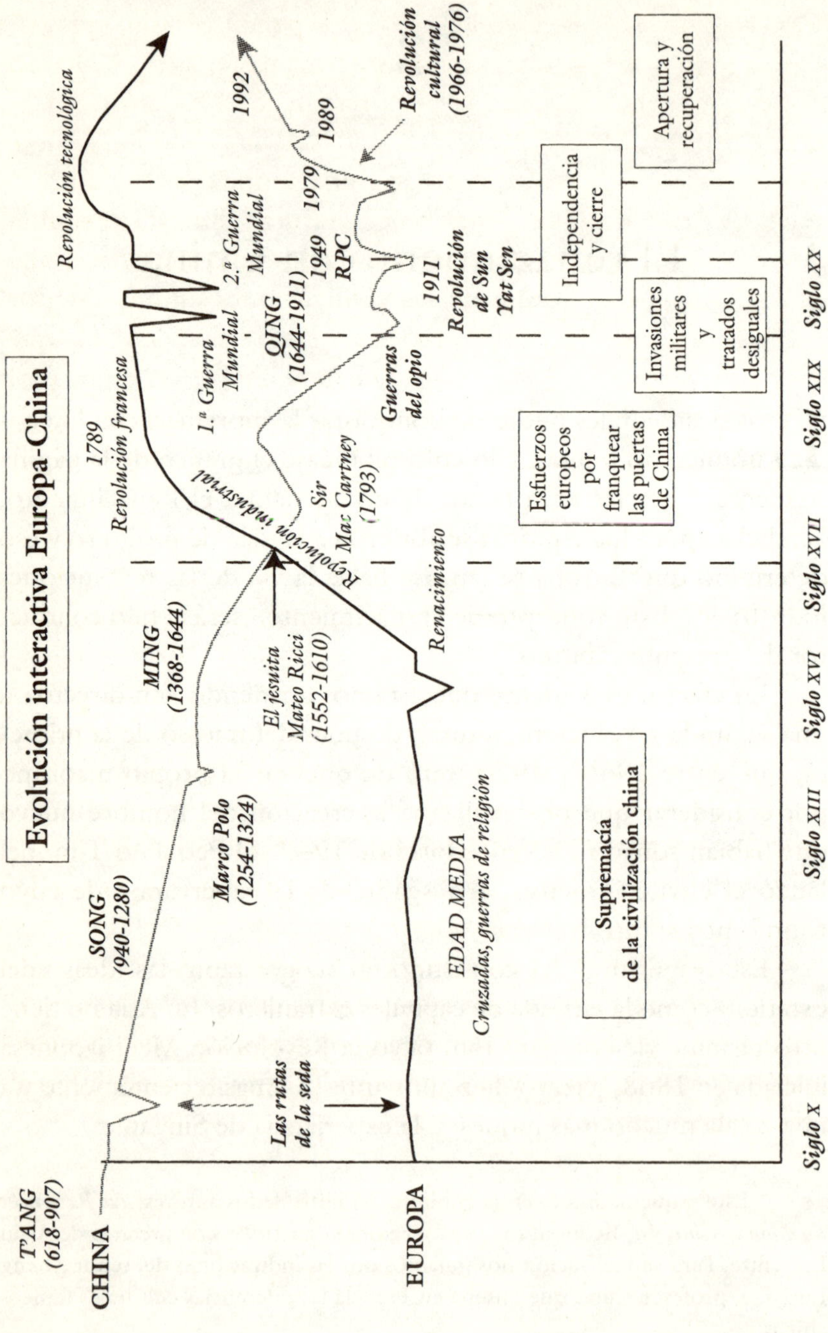
Evolución interactiva Europa-China
CHINA
EUROPA
T'ANG (618-907)
SONG (940-1280)
MING (1368-1644)
QING (1644-1911)
Las rutas de la seda
Marco Polo (1254-1324)
El jesuita Mateo Ricci (1552-1610)
Sir Mac Cartney (1793)
EDAD MEDIA
Cruzadas, guerras de religión
Renacimiento
Revolución industrial
1789 Revolución francesa
1.ª Guerra Mundial
2.ª Guerra Mundial
Revolución tecnológica
Guerras del opio
1911 Revolución de Sun Yat Sen
1949 RPC
1979
1989
1992
Revolución cultural (1966-1976)
Supremacía de la civilización china
Esfuerzos europeos por franquear las puertas de China
Invasiones militares y tratados desiguales
Independencia y cierre
Apertura y recuperación
Siglo X
Siglo XIII
Siglo XVI
Siglo XVII
Siglo XIX
Siglo XX

Gracias a ese acontecimiento de primer orden, China se encamina a la recuperación de la posición que le perteneció antes del Renacimiento europeo: la primera. Vale la pena analizarlo en detalle, teniendo a la vista esta cuestión permanente: si el encuentro del pensamiento chino con el pensamiento occidental fue en su origen (y sobre todo a partir del siglo XVI) un choque cultural, ¿sería posible que evolucionase hacia una connivencia, una interpenetración, es decir un «mestizaje» cultural? En esta pregunta subyace otra: se trataría de saber si esos dos polos irán hacia una confrontación (el choque de las civilizaciones anunciado por Samuel Huntington), o bien hacia una simple competencia que daría la medida de la eficacia relativa de cada uno de los sistemas o, tercera posibilidad, hacia un compromiso o combinación.

La tradición cuestionada

Por dos veces intentó Mao trastocar la sociedad china para lograr un país unido (lo que consiguió en gran medida y todavía hoy le vale el agradecimiento de los chinos) a la vez que poderoso (lo que no pudo ser, a causa de los fracasos económicos del maoísmo). Lo hizo en 1949 con la instauración de la República Popular China, y de nuevo en 1966 cuando lanzó la Revolución Cultural.

Estas dos tentativas iban dirigidas contra las propias fuentes de la tradición: el budismo, naturalmente, en tanto que «opio del pueblo», y también el confucianismo que constituye, en lo cultural, la columna vertebral de las sociedades asiáticas.

El sucesor, Deng Xiaoping, emprendió un rumbo contrario al de Mao y en cierto modo reintrodujo la tradición, pero poniéndola al servicio de un proyecto inmenso: el éxito del capitalismo al estilo chino.

La tradición puesta a prueba

La tradición china tiene una doble identidad, la religiosa (en el sentido «asiático» del termino, que no implica trascendencia alguna, compuesta por el budismo y el taoísmo) y la filosófica (que riega poderosamente todas las sociedades del Asia oriental, representada por el confucianismo).

En primer lugar, Mao dirigió su ataque contra la religión, «opio del pueblo». El objetivo primordial fue la religión popular, el budismo. En tanto que propone a cada chino evadirse de las constricciones sociales mediante la búsqueda de una salvación individual hecha de renunciación, de compasión y de temporalidad, el budismo es lo más contrario al proyecto socialista de un porvenir mejor, materialista y colectivo. Es lo antisocialista por esencia, pues niega el mito prometeico marxista. Por tanto, los monjes budistas, y no sólo los tibetanos, fueron perseguidos en nombre de la creación de un «hombre nuevo». Esta persecución se prolongó y se amplificó durante la Revolución Cultural de 1966 a 1976, con las destrucciones que conocemos.

No es un hecho casual que la oposición más enconada al régimen se encuentre entre los budistas, desde los bonzos vietnamitas hasta los seguidores de la secta Falun Dong de Pekín.

Al principio Mao, lo mismo que todos los emperadores chinos, había encontrado en el confucianismo un soporte filosófico para su régimen autócrata. El maoísmo puede ser definido, de manera un tanto caricaturesca, como un marxismo que se apoya en el campesinado y en el confucianismo. Pero cuando lanzó a sus Guardias Rojos contra la burocracia instalada, lógicamente Mao atacaba el confucianismo, y sobre todo a los «letrados», a los intelectuales instalados mediante un sistema de oposiciones del todo similar al de sus antecesores del mandarinato.

El envite era muy fuerte, pero estaba perdido de antemano, y lo mismo la lucha contra el budismo. El caso es que el confucianismo está en todas partes, impregnando tanto lo político y social como lo económico. Lo hallamos arraigado en las mínimas actitudes de todo chino educado en la relación con su familia, en el respeto a una etiqueta omnipresente, y hasta en el lenguaje. Esta última es la razón de su inexpugnabilidad. Por añadidura, el confucianismo es eficaz. Estructura los comportamientos sociales. Es la columna vertebral de todos los regímenes que han conocido Asia oriental en general y China en particular. En él se apoyaron tanto los japoneses de la era Meiji a partir de 1868 para recuperar su retraso en comparación con Occidente, como los «chinos fuera de China» (los de Singapur, Hong Kong, Macao, Taiwan) que fueron los primeros en emerger durante las décadas de 1960-1970 y enfilaron el camino del progreso, seguidos por el resto del sureste asiático en la medida en que se registraba la presencia de la diáspora china. La razón es que el confucianismo se adapta a la modernidad. Las cualidades que propugna esa tradición más oral que escrita (la virtud, la lealtad, el respeto a los demás, la educación, la solidaridad, la motivación, la comunicación de los saberes, etc.) armonizan perfectamente con la economía actual, con el espíritu de empresa, con la sociedad contemporánea.

El fracaso de Mao estaba escrito, dada la solidez y la presencia de esa tradición multisecular en el corazón de todos y cada uno de los chinos. Y el fracaso económico debía desembocar en el fracaso político. A la sombra del Gran Timonel, otro comunista de la primera hornada, Deng Xiaoping, aguardaba el momento de realizar «otra política diferente».

El retorno de la tradición

La «apertura» de 1979 realizada por Deng fue total: fin de la colectivización agraria, llamada a los capitalistas extranjeros, retorno de la «jerarquía natural» propuesta por Confucio. Sin embargo, esa apertura tan masiva y rápida conllevaba un peligro potencial: los chinos de la diáspora, al tiempo que aportaban su dinero, ¿no reintroducirían la tradición budista-confucianista en una China que había perdido sus referencias? Al mismo tiempo, esos chinos «exiliados» habían conocido otras costumbres, las de Occidente, portador de valores diferentes cuando no contrarios.

En efecto esos chinos de la diáspora invitados a «regresar a la patria« por Deng Xiaoping eran portadores de dos tradiciones rechazadas por la China socialista: la propia, mantenida al abrigo de ataques y conservada como cosa preciosa, y la occidental, combinación del individualismo con un sistema político, la democracia, forjado tras varios siglos de maduración y algunas revoluciones sangrientas.

En la época, cuando los chinos conservadores llamaban a rechazar la «gangrena occidental» iba implícita una crítica contra el reformador Deng y sus seguidores. La astucia de éstos consistió en acertar a demostrar, mediante pacientes y bien controlados experimentos, que el socialismo chino era capaz de integrar ciertos elementos del «capitalismo occidental», y que estos elementos podían conferir mayor eficacia al régimen en evolución, y consolidarlo en fin de cuentas.

En el sistema chino, el individualismo occidental encuentra su lugar como factor de creación y de dinamismo. En estas condiciones el capitalismo no se opone al socialismo en realidad, sino sólo a su forma maoísta ya desacreditada. En muchos aspectos, va en la misma línea que el confucianismo como alternativa eficaz al marxismo desresponsabilizador.

Deng incluso logró que el confucianismo recuperado defendiese al sistema chino frente a las «influencias perniciosas» del exterior. Así como los japoneses de la era Meiji alzaron con su tradición confuciana y sintoísta una barrera contra la occidentalización demasiado profunda de su sociedad, que ellos deseaban fuese «única», también Deng convirtió el confucianismo recuperado en elemento de dinamización de China.

Falta explicar cómo lo consiguió.

La apertura según Deng

Frente al fracaso del maoísmo, Deng buscó una vía de salida con el designio principal de hallar una nueva legitimidad para el Partido Comunista chino.

Esa vía fue a buscarla fuera de China, en ese Occidente que para los chinos es tan fascinante como diabólico.

China ha tenido varios encuentros con los occidentales. ¿Será éste el definitivo?

Mientras busca en Occidente correctivos a sus errores, China rechaza categóricamente cualquier género de «occidentalización». La apertura según Deng no es sólo económica. Es también cultural. Pero en ese caso, no será en modo alguno una vía de sentido único, ya que China se siente capaz de liderar en ese ámbito. ¿Será la confrontación cultural el modo de competencia entre China y Occidente?

El mercado, o el «cuarto encuentro»

Por las rutas de la seda, principalmente, China tuvo relaciones mercantiles intermitentes (gracias a ellas se enriqueció Marco Polo), pero siguió virgen de influencias ajenas. Para que Occidente, entonces en pleno Renacimiento, diese a conocer allí su «civilización», fue preciso esperar a los jesuitas. Del siglo XVI en adelante, la influencia de los jesuitas fue considerable, aunque en último término más en tanto que «consejeros de príncipes» que como verdaderos proselitistas (aunque, con todo, hicieron tantos conversos que finalmente los emperadores se alarmaron y pusieron fin a esa actividad). Más profunda fue la influencia de la colonización europea del siglo XIX, porque en esa oportunidad los occidentales se presentaron como amos y señores en toda Asia y en el corazón del Imperio de la Tierra Media.

Los lazos más significativos entre Occidente y Oriente se establecen en lo cotidiano, en los negocios. En el trato con el «colonizador» occidental (que era, la mayoría de las veces, un funcionario enviado por alguna de las compañías comerciales), los chinos, y en primer lugar los que habían huido de China para establecerse como inmigrantes en el sureste asiático, aprendieron a emular el comportamiento de aquél y se lanzaron a fundar negocios propios. Así nació ese sujeto improbable, el empresario chino.

China resistió y sufrió la humillación de los tratados abusivos y de las concesiones. El imperio cayó en 1911 sin derramamiento de sangre. De entonces hasta 1949 reinó el caos, que siempre ha sido el enemigo principal de China. La guerra civil y la ocupación japonesa borraron los escasos progresos cuyo símbolo había sido Shanghai, hasta entonces la gran metrópoli de Asia.

El tercer encuentro fue el del marxismo. A la hora de reconstruir su país, Mao eligió el socialismo. El fracaso fue patente. En 1979, tres años después de la desaparición del Gran Timonel, cuando Deng Xiaoping tomó en sus manos el destino de China y emprendió la modernización acelerada, lo hacía con un retraso de más de cien años en comparación con el vecino japonés (1868).

El retraso a superar era inmenso, y como en todos los demás países de Asia, fue preciso recurrir a Occidente, rico, industrializado y tan seguro de sus métodos que incluso se atreve a proponerlos como dotados de valores «universales».

El cuarto encuentro, según nuestra cuenta, es el del «mercado». Para persuadirse de que este «cuarto encuentro» es el definitivo, no hay más que observar los resultados económicos. Entre 1979 y 2000 China despegó de manera convincente y definitiva, y con una rapidez muy superior a la de Japón, cuyo despegue decimonónico no contaba con las ventajas de una poderosa corriente de inversiones y una aportación humana como las procedentes de la diáspora china. Se trata de un fenómeno extraordinario a decir verdad, que no tiene parangón histórico salvo el desarrollo del Estado de Israel después de 1948.

Al adoptar el mercado Deng tenía el designio de dominarlo, cosa conseguida por ahora, y de crear lo que hasta aquí hemos venido llamando «capitalismo al estilo chino».

Decir mercado quiere decir iniciativa, sobre todo individual. Es decir creatividad y progreso. Pero también es la norma legal que regula los objetivos del individuo en nombre del Estado, o pongamos la comunidad.

¿Significa eso que el mercado conlleva necesariamente la democracia y la occidentalización? No en las intenciones de los dirigentes chinos, desde luego.

La cuestión de la «occidentalización»

Para comprender lo que tiene en mente la dirección del PCCh actual, tal vez convenga acudir al ejemplo japonés. La superación del atraso técnico, de gestión y jurídico por los japoneses fue contemplada desde Occidente como una «copia» y una «occidentalización». Sin embargo, el proyecto anunciado era otro muy diferente: se trataba de alcanzar a Occidente para derrotarlo siguiendo su propio juego, y hacerle pagar por la humillación infligida en 1851 cuando las «naves negras» del comodoro estadounidense Perry forzaron la apertura del país. El propósito de Japón no era occidentalizarse, sino tomar sólo de Occidente lo indispensable para el desarrollo técnico y jurídico propio: las tecnologías, los saberes, pero no los valores. Éstos se añadirían a los propios y preexistentes, en todo caso, pero sin reemplazarlos en modo alguno.

Esto mismo puede observarse en cada uno de los países asiáticos. Las diferentes culturas introducidas desde el extranjero vienen a añadirse superponiéndose a la tradición a manera de estratos, pero sin combinarse apenas con ella, para dar lugar al complejo fundamento cultural del país. En Japón, estas «capas» sucesivas fueron el sintoísmo (religión natural y primitiva, mito fundacional de Japón), seguido en el siglo VI d. C. por la llegada de la cultura china (que aportó el budismo, el taoísmo, el confucianismo, etcétera y los ideogramas chinos), seguido por el cristianismo desde el XVI hasta el XVIII. Mediado el siglo XIX se produce una recuperación del sintoísmo (con el propósito de poner freno a la peligrosa influencia occidental), y finalmente llega la cultura estadounidense, o por lo menos sus símbolos y sus imágenes. Observaciones de tipo parecido por lo que respecta a la influencia del islam a partir del siglo X podríamos hacer sobre Malasia e Indonesia, donde aquél se superpone al hinduismo y al budismo, y cohabita con el catolicismo.

Se notará el factor común, la tolerancia de los pueblos de Asia oriental ante las «palabras nuevas», y su capacidad para lograr que coexistan sin violencia con las creencias anteriores. Para la comprensión de esa actitud cabe citar varias claves, como la ausencia de una religión revelada y la importancia concedida al equilibrio, al camino medio, a la armonía de las relaciones y a la búsqueda del consenso. En esos países el concepto de verdad absoluta carece de sentido. Sólo cuentan las percepciones de la realidad diferentes, divergentes o tal vez opuestas y, por tanto, la necesidad de negociar opiniones alrededor de una «realidad aceptable para todos», que pasará a ser «la» realidad, en consecuencia. Nada más lejos de la pretensión occidental de poseer la verdad absoluta, de donde resulta que si el uno tiene razón, el otro está sumido en el error.

Conclusión

Lo expuesto conduce a contemplar la adopción de los mecanismos de mercado por China como una aplicación de esa capacidad para «acumular» conceptos nuevos sobre las creencias preexistentes, sin necesidad de rechazar para ello los valores del pasado. Combinar las aportaciones «técnicas» sin renunciar a su proyecto de una sociedad nueva, socialista: así es la política de China. El progreso alcanzado se mide cuando examinamos con atención los comportamientos vinculados a la apertura al exterior. El individualismo, por ejemplo, tan contrario a la tradición china (y perseguido por el marxismo hasta el acoso), penetra con fuerza en una sociedad china en busca de referencias.

Pero atención, que el individualismo no se ofrece a los chinos ambiciosos en su forma occidental exclusivamente. Cuentan con un modelo más próximo, más decodificable para ellos, el de los emprendedores de la diáspora china, con los que mantienen a veces relaciones de familia.

La búsqueda de la mejor educación posible está enraizada en el confucianismo y es, al mismo tiempo, un proyecto individual. El esfuerzo obstinado para triunfar en los concursos es el de los antiguos mandarines de la China imperial, y también el de los nuevos dirigentes chinos... como el de los occidentales.

Lo nuevo es el desarrollo extraordinario de los estudios en el extranjero, que responde a dos estrategias. Primera, la repesca de los alumnos que no consiguen ingresar (y son la mayoría) en las «mejores» universidades chinas; la segunda, una estrategia de apertura para los jóvenes que se dan cuenta de que aquéllas mantienen un atraso considerable en comparación con lo que se enseña en Occidente, y sobre todo en Estados Unidos.

Puede sorprender que las autoridades chinas dejen escapar tanta materia gris, que acepten una pérdida tan considerable de sustancia. Pero esa fuga de cerebros, ¿no es, al mismo tiempo, una «difusión» de chinos instruidos por todo el mundo occidental? Por otra parte, aquéllas ya no tienen inconveniente en ofrecer condiciones atractivas para «recuperarlos» (en vez de usar la amenaza o la coerción) cuando hay que cubrir cargos indispensables. En un plano más general, China procura depurar la doctrina confuciana quitándole todo aquello que frena el desarrollo: el imperio de la ley se impone a expensas de las «redes de influencias» (las célebres *guanxi*). El crédito sustituye al tradicional ahorro inspirado por la previsión; la promoción por méritos reemplaza el criterio de la antigüedad, y la fuerza de los hechos a la conveniencia de «salvar la cara».

Lo que se ha propuesto China, bajo las especies de «socialismo» y de «mercado», en el fondo es un confucianismo renovado. En este sentido la fecundación occidental es un aporte que va a ser profundamente modificado antes de su adopción. La clave, como hemos visto, se halla en el chino de la diáspora, o por lo menos en el sector minoritario de ésta que ha triunfado en lo económico y en lo social. Esos chinos triunfadores se habían llevado consigo la tradición confuciana, y las «combinaciones» que acabamos de comentar se realizaron fuera de China, para ser reintroducidas con motivo del «regreso de los exiliados».

En adelante esta labor de transformación continuará y se perfeccionará en la misma China, sobre todo en el seno de las *joint ventures* y en las instituciones de enseñanza superior creadas conjuntamente con las universidades y las escuelas técnicas superiores de Occidente. La occidentalización, de haberla, se nos presentará tan filtrada, regulada y... aclimatada, que tal vez no nos reconoceremos en ella siquiera.

4

China reinventa el capitalismo

La apropiación del capitalismo por China

China va bastante más lejos que Japón, que no toma de Occidente más que lo «mínimo necesario» y se afianza en su propia tradición. El proyecto chino, en cambio, pretende inventar un capitalismo más equilibrado y, sin duda, más adelante, proponerlo como un modelo.

¿El capitalismo y los valores chinos pueden avenirse?

En apariencia, es una paradoja postular que el capitalismo y los valores ancestrales chinos —resultantes de una combinación del taoísmo con el budismo y el confucianismo— vayan a generar una sinergia que haga posible la prosperidad de China. El budismo más bien incita a la inacción, según lo demuestra por otra parte el débil nivel de desarrollo económico que se observa en los países donde aquél tiene mucha presencia, como Birmania (Myanmar), Camboya, Laos, Sri Lanka y la misma Tailandia. Por lo que se refiere al confucianismo, su visión de la sociedad jerarquizada, casi burocrática, se opone a la iniciativa individual, indispensable para la existencia del capitalismo, según los dogmas de la economía liberal.

En este sentido apunta, dicho sea de paso, la obra de Max Weber. El célebre sociólogo alemán —más conocido entre nosotros, en buena parte, por su análisis sobre la relación inicial entre el protestantismo y el desarrollo económico— extendió el campo de sus investigaciones y reflexiones al estudio de las grandes religiones. Al mismo tiempo procura dilucidar las relaciones de éstas con la racionalización económica. En resumen, se trata de establecer una relación de sentido entre la realidad material y las ideas (incluyendo las del pensamiento religioso). En su obra *Confucianismo y taoísmo* aporta la visión de una China constituida inicialmente sobre el fundamento de unos vínculos cuasi-tribales, impropios para la formación de una burguesía. Pero la presencia de esa burguesía se entiende necesaria para el desarrollo del capitalismo o, en todo caso, de un capitalismo racional de empresa.

Otras formas de capitalismo emergieron en China, ciertamente. Weber las calificó de «capitalismo de rapiña política interna», con lo cual queda dicho todo. Este autor ve una contraposición entre el confucianismo, como ética religiosa conforme a la situación y a los intereses de los letrados, y el taoísmo, especie de heterodoxia tolerada a los no letrados y que responde a las necesidades religiosas de las masas. En cualquier caso, para Max Weber el pensamiento occidental, que promete la dominación racional del mundo, se halla en las antípodas de la visión china, que plantea un tradicionalismo como vía de adaptación al mundo. Pese a lo cual, los valores confucianos, recuperados gracias a la diáspora china tras haber sido redefinidos por el equipo de teóricos próximo a Lee Kwan Yu en Singapur, son los que han hecho posible la implantación y el éxito del capitalismo, primero en la periferia china y después en el país mismo.

¿Cómo ha sido posible esta operación de ida y vuelta? Tenemos, por supuesto, el encuentro —o el choque, podríamos decir incluso— de las minorías chinas de Hong Kong, Taiwan, Singapur, etc., con los valores occidentales. La deslumbradora demostración de eficacia proporcionada por el liberalismo occidental en el sureste asiático juega entonces un papel de estímulo. Sin embargo, el terreno conceptual estaba preparado desde Confucio. Porque el confucianismo propone como valores esenciales el trabajo, la educación, el respeto a la sabiduría y la movilización de la voluntad, todo lo cual compone la dignidad del hombre. El trabajo organizado en redes de relaciones es propio de la mentalidad china, así como fuente de fiabilidad y de confianza. Pues bien, estos valores se adaptan perfectamente al universo cerebrofacturero que ha ido sustituyendo al manufacturero predominante hasta la época.

Aunque parezca paradójico, el budismo también tiene una contribución que ofrecer. En particular, la noción del trabajo que no espera una recompensa terrenal, junto con el concepto del cambio como esencia de la realidad y con la necesidad de asumirlo, puesto que nada es permanente.

Por último, el taoísmo aporta la agilidad y la flexibilidad indispensables en el sistema capitalista. Por ejemplo, cuando postula que toda afirmación contiene en sí misma su propia contradicción.

Si «todo chino lleva en su cabeza una cuenta de explotación», según la expresión popular consagrada, eso por supuesto no es una característica genética, sino el resultado de unos valores adquiridos, y éstos son tales que hacen posible la supervivencia e incluso el éxito en un universo capitalista.

Encontramos además, en el seno del «alma» china, una serie de rasgos culturales que se han desarrollado a lo largo de veinticinco siglos, y que permiten la perfecta adaptación del *homo oeconomicus sinensis* al capitalismo. Ese sustrato es la base de la renovación económica china.

El derecho de inventario

El recuerdo de las humillaciones y el orgullo histórico de los chinos justifican ese derecho de inventario. Los dirigentes no desean que junto con la mercadotecnia se les cuele lo que ellos llaman «la gangrena» occidental. El mercado está disociado del capitalismo propiamente dicho, es decir de las reglas que definen la propiedad de los medios de producción y la competencia.

Los precios que se forman en un mercado libre y competitivo son percibidos sin asomo de duda como el criterio óptimo para la asignación de los recursos, siempre escasos por definición. La planificación central ya hizo la costosa demostración de su ineficacia. Así que, en China, los precios de mercado son efectivamente, y en más de un 90 por ciento, el elemento orientador de la producción y de los intercambios.

Se tolera el espíritu crítico en la medida que contribuye a la eficacia de la I + D, y se procura fomentarlo mediante salidas al extranjero. En un plano más general, se explora atentamente la tradición china tanto como el socialismo oficial, a fin de valorar y modificar todo aquello que pueda obstaculizar el desarrollo. La legislación es tan necesaria como unos tribunales competentes, ya que no independientes. Las decisiones de éstos irán reemplazando a la «virtud» confuciana lo mismo que a la «dictadura del Partido».

En el fondo la ley no es otra cosa sino la expresión del derecho de «los demás», de la sociedad, frente a los derechos que derivan del individuo. En este sentido la ley se halla en armonía con la doctrina confuciana y también con el socialismo, y representa «los deberes» de cada uno. «Mejorado» de esta manera, el socialismo confuciano puede aspirar también a una especie de reconocimiento «universal». En cuanto al resto de la tradición, si se encuentra algo que sea impedimento para el progreso queda circunscrito a la esfera de lo íntimo y privado.

Capitalismo y sabiduría

Una vez demostrada la capacidad para gestionar un crecimiento muy fuerte y sostenido sin renunciar al partido único, los dirigentes de China se sienten confortados en su voluntad de inventar un nuevo modelo de gestión de la sociedad.

Al principio esa demostración fue prudente y limitada a algunas «zonas económicas especiales» alejadas de Pekín, el centro de las decisiones políticas. El éxito de estos ensayos ha permitido su generalización gradual a toda China.

En uno de sus últimos viajes, Deng Xiaoping bendijo la experiencia (fue en Shenzhen, en 1992) y dispuso que fuese inscrita en la Constitución. Acababa de nacer la «economía socialista de mercado». El concepto es impreciso, pero la idea de vincular los mecanismos del mercado con lo que los chinos llaman el «socialismo» describe bastante bien el proyecto.

En este sentido, la ambición china es análoga a la de la mayoría de países europeos que desde hace años buscan «vías» específicas para combinar el recurso al mercado como instrumento de creatividad, de empresa y de asignación óptima de los recursos, con unos modos de redistribución de la riqueza que sean acordes con el espíritu de cada nación. En Europa esa búsqueda reviste formas bastante similares, aunque siga abierto el debate sobre las diferencias, más políticas que económicas, entre la «economía social de mercado» de los alemanes, el socialismo al modo francés o la «tercera vía» británica.

De su análisis de Europa, los chinos retienen dos elementos esenciales. El primero es la desconexión real entre la gestión económica de los países europeos y los partidos políticos que ocupan el poder. Pese a los cambios de dirigentes (o alternancia de los partidos), en cada país los índices económicos clave se revelan claramente indiferentes a las promesas electorales y a las decisiones políticas. Qué otra conclusión van a sacar los chinos, sino que están en el camino acertado cuando quieren transformar de modo radical su modo económico sin cuestionar al mismo tiempo la especificidad (y el monopolio) del partido.

El segundo elemento es la voluntad de algunos países miembros de la Comunidad Europea, en el sentido de no adoptar el modelo anglosajón de capitalismo liberal. Europa se siente capaz de inventar un capitalismo que le sea peculiar —de ahí también la utilidad de la institución de una moneda común—, cuando menos tan eficaz como el liberalismo y más aceptable para unas poblaciones preocupadas por la equidad, la armonía social y el equilibrio. Eso es exactamente lo mismo que desean los chinos. Lo que hasta aquí venimos llamando el «capitalismo al estilo chino», de hecho no es más que la combinación de una economía basada en el mercado con una política específica en lo social.

A esa política particular, los chinos la llaman «socialismo» en tanto que sigue respondiendo al objetivo proclamado por el

PCCh desde su origen, la construcción de una sociedad «nueva» y «mejor».

Pero resulta que dicha sociedad «nueva» nace sobre los fundamentos de la tradición confuciana. Y ésta propugna la armonía social como clave de la felicidad de todos, así como el respeto a «los demás» expresado en forma de una etiqueta protocolaria, siendo éste el factor superado y reemplazado por la red de obligaciones que impone y controla el partido. Lo más importante sigue siendo la «virtud», es decir los comportamientos positivos que enseñó Confucio y que resultan sorprendentemente parecidos a los que exigen las economías modernas: el ahorro, la educación, el establecimiento de redes de relación social, la motivación en el trabajo, la calidad en la elaboración, la disciplina.

Claro está que eso ya no es suficiente en una economía abierta y estimulada por la competencia. La sabiduría confuciana no se adapta del todo, aunque no deja de ser una base útil para las enseñanzas modernas. El fuerte ahorro (40 por ciento del PNB, todo un récord mundial) no aguarda sino a verse empleado en inversiones rentables que lo optimicen. La solidaridad y las redes de relaciones son un buen seguro de riesgo y se puede contar con estos factores cuando se trata de emprender algo. Como lo hicieron fuera de China los emprendedores de la diáspora. La disciplina, la obediencia al amo, no han de ser necesariamente la excusa de la pasividad. La creatividad es necesaria en las economías competitivas. Implica a su vez un espíritu crítico, un pensamiento libre.

Además la filosofía confuciana implica algunos riesgos de deriva. No define qué es «la virtud» y desconoce las restricciones de nuestra «moral natural». Las redes de relaciones se convierten a veces en clanes mafiosos o en circuitos de corrupción. Las crisis asiáticas, la japonesa de 1990 y la del resto de Asia en 1997, pueden analizarse como consecuencias de dicha corrupción. El confucianismo descontrolado permitió la aparición de sistemas de poder cerrados, conducidos por la corrupción creciente a una larga serie de decisiones irracionales y onerosas, cuyo coste todavía no acaba de enjugar la economía de la región. De los análisis que se hicieron en su día, el más lúcido fue el establecido por los grandes emprendedores de Hong Kong, y su conclusión, que el confucianismo (considerado como núcleo de los denominados «valores esenciales») debía sujetarse al marco jurídico para evitar las derivas más contraproducentes. La mayoría de los países de Asia han comprendido la necesidad de legislar más, lo que va unido a la necesidad de profundizar la democracia. En China también se ha entendido que la tradición confuciana (subsumida en la organización del partido) precisaba un encuadramiento jurídico... aunque eso no significa que las leyes se confundan con las de la democracia occidental.

China tiene su modelo propio que se basta a sí mismo. Modelo que acaba de demostrar su eficacia, puesto que ha elevado a China hasta niveles que pocos observadores habrían pronosticado.

Hoy el país ha entrado en una fase nueva de su desarrollo. El ingreso en la Organización Mundial del Comercio y la celebración de los Juegos Olímpicos de 2008 en Pekín son hitos simbólicos que China aprovechará para acelerar su acceso a la categoría de primera potencia mundial. Al apropiarse el capitalismo mediante una especie de OPA no hostil, conservando del mismo lo que considera bueno para el país y descartando los excesos del liberalismo, los chinos confían en el triunfo de su receta e incluso apuestan a que ésta es la mejor de todas.

El capitalismo al estilo chino

Frente al modelo anglosajón de un capitalismo puro (o que pasa por serlo, aunque los oligopolios intentan imponerle su ley) y duro (socialmente), Asia y Europa buscan vías *sui generis* a partir de sus sociedades ricas en cultura e historia, o lo que los sociólogos llaman países de «contexto fuerte». Se quiere que esas vías combinen la eficacia económica con la armonía en lo social.

Además, China confía en adelantarse a los demás países en esa búsqueda, y sin abandonar su experiencia histórica por más que esté jalonada de dolorosos fracasos.

La resistencia de las culturas asiáticas

China ha dispuesto de tiempo sobrado para observar las experiencias de sus países vecinos emergentes, de lo que ha extraído numerosas enseñanzas.

El capitalismo japonés se ha caracterizado por su especificidad desde sus orígenes en 1868: un capitalismo de Estado (como el de Francia bajo el régimen absoluto de Luis XIV, el imperial de Napoleón III, y el republicano-presidencialista de François Mitterrand) protegido, pero eficaz. El acceso de Japón al rango de segunda potencia económica mundial en 1985 fue también el de un capitalismo bastante peculiar. El «toyotismo» que hizo la fortuna de la industria japonesa era un sistema de producción (con el *just in time* y los círculos de calidad que integran el *kaizen* o «cambio para mejorar») y, al mismo tiempo, una actitud social que hallaba apoyo en la tradición: el confucianismo, el feudalismo y su espíritu el *bushido* (la «vía militar», es decir el código de los samurai).

La crisis japonesa actual pone en cuestión este modelo, que no halla ante sí más que dos salidas posibles: la absorción por el capitalismo occidental (entrada de Renault en Nissan, de General Motors en Isuzu, de Ford en Mazda, etc.), o la redefinición del sistema. Lo que sorprende más, por ahora, es la voluntad de no ceder en nada de lo esencial por parte de los dirigentes japoneses. De ahí la lentitud de las decisiones. El afán de no cuestionar el modelo social es el principal impedimento de las reformas. En su lugar, es el pueblo japonés el que va cambiando poco a poco y volviendo la mirada al exterior. Los gobernantes ratificarán esos cambios lentos, pero no serán ellos quienes los promuevan.

Esta lentitud en la reforma de unas sociedades periclitantes se encuentra en todo el Extremo Oriente. En particular, los *chaebol* coreanos, que son conglomerados monopolistas y corruptores, se resisten a desaparecer, lo que impacienta a las generaciones de jóvenes emprendedores locales tanto como la presidencia del socialdemócrata Kim Dae Jong.

En cuanto al modelo de Singapur, prototipo del capitalismo confuciano, resiste bastante bien y sus defensores no tienen motivos para acelerar las evoluciones actuales que por lo demás, no van a cambiar su naturaleza.

Las «virtudes» del modo capitalista chino

En toda su historia, China ha sabido asimilar a los conquistadores extranjeros, ya sean mongoles, manchúes u occidentales, sin tomar de ellos nada más que lo indispensable. El dinero de los inversores internacionales, que alimenta su crecimiento sorprendente, se pone al servicio de una política específicamente china, la del PCCh. La contención de las protestas estudiantiles de 1989 redujo esos flujos durante algún tiempo. Ahí las autoridades asumieron un riesgo. Pero las inversiones se redoblaron a partir de 1992, lo que indica que los capitalistas extranjeros habían comprendido que por encima de todo les interesaba contar con la presencia de un poder capaz de imponer «la ley y el orden». Además, el control de estos flujos suplementarios evitó que China se viese arrastrada a la crisis asiática. Lo cual le ha valido el respeto de todos y ha puesto de manifiesto el acierto de su política interior.

Esta capacidad para resistirse a las presiones externas le permite a China proponer soluciones innovadoras y confiar en lograr su difusión, sino en el mundo entero, sí por lo menos en Asia. En eso podría consistir la esencia de las relaciones internacionales del siglo XXI, en el supuesto de que los conflictos militares e ideológicos dejen que pase al primer plano la competencia de los sistemas. En efecto, si el capitalismo se adueña de todo, la competencia entre las grandes naciones va a centrarse en la definición de aquél. Dos serán los temas que centren el debate, y en ambos China se considera en condiciones de «tener más que decir» que otros actores.

Una sociedad solidaria

El primero de estos temas concierne a las relaciones entre el individuo y la sociedad. Situar al individuo como centro de la sociedad fue la obra verdaderamente revolucionaria del Renacimiento europeo, que aportó al mundo el espíritu de progreso y de empresa. Hemos visto ya cómo este espíritu nuevo se «transfirió» de algún modo a los países asiáticos por mediación de la diáspora china, y cómo este grupo de emigrados contribuyó en gran medida a la emergencia de los países de acogida (los del sureste asiático), para agilizar luego la de su país de origen.

Sin embargo, los asiáticos no han tardado en descubrir las derivas y los riesgos de ese individualismo de importación. Propugnar los «derechos» de la persona sin acordarse del otro platillo de la balanza, el de los «deberes», conduce a los excesos del individualismo contemplados por los orientales como un «egoísmo» deletéreo para la sociedad. Desde esta óptica, Occidente padece una «gangrena», correlativa al olvido de los «deberes»: el desprecio de la ley, el anarquismo, las reivindicaciones sectoriales, las huelgas «ilegítimas», etc. Por estas mismas consideraciones los asiáticos tienen la percepción de un Occidente en decadencia, a pesar de que presenta todos los signos de vitalidad (aunque eso sí, cíclica, puesto que tiene sus crisis).

China considera que sus valores propios aportan los correctivos necesarios, al restablecer en su lugar a la sociedad (a «los demás»). Estos valores son los pertenecientes a la tradición, pero también los del socialismo. Buda y Confucio se unen a Marx, Mao y Deng en la búsqueda de la armonía social. El individuo debe renunciar a sus derechos por iniciativa propia, sea en beneficio del equilibrio social, sea obedeciendo a la simple compasión.

Según los teóricos del partido, lo que aporta el socialismo a la tradición va vinculado a su capacidad para preservar la energía productiva y creativa de los individuos en el interior de esos equilibrios sociales. Y cómo no, es el PCCh quien mejor sabe regular esa interrelación individuo-sociedad. Occidente quiere imponer los derechos humanos como valor universal, pero se le replica propugnando otro concepto más «justo», el de la armonía social, y otro valor no menos universal, el de la solidaridad.

La conciliación de los regímenes

El segundo tema es el de la compatibilidad entre la «economía de mercado» y el poder político «confuciano-socialista». Para funcionar, el mercado precisa de un respaldo fuerte, que defina las reglas de juego y obligue a respetarlas. Eso es lo que consideran esencial los chinos y lo que, según ellos, su país garantiza... Desde ese punto de vista, los ejemplos de Japón y Singapur que hemos comentado anteriormente confirman la validez de tal definición del capitalismo. La eficacia puede obtenerse de distintas maneras, y una presencia fuerte del Estado no parece incompatible con un éxito económico excepcional.

Sin embargo, el caso chino no puede relacionarse sin más con el del resto de los países de Asia. En primer lugar, debido a las diferencias de dimensión, y segundo, por la pretensión de seguir siendo un país «socialista». Por esta razón, China se ve obligada a inventar constantemente un *mix* nuevo y creíble. En lo que ha tenido éxito por ahora.

La apertura al mundo no es, como en el Japón, la prueba suprema del éxito, sino causa primera del mismo. Las empresas estatales siguen siendo importantes pero no constituyen como en Singapur los «faros» industriales y comerciales del país. Tienen pendiente una reforma a fondo, y mientras tanto, las locomotoras de la economía son las *joint ventures* creadas en conjunción con la elite empresarial mundial. La garantía oficial de la economía de mercado proviene del PCCh, que la ha puesto a prueba, la ha dado por buena y la ha difundido antes de inscribirla en la Constitución. ¿Se nos objetará poniendo en duda la legitimidad de ese partido? Se sorprenderían si viesen el apoyo que tiene en todas las capas de la población, y sobre todo entre las elites actuales y venideras. La garantía frente al caos es de un valor incalculable para ese pueblo que tanto padeció con la anarquía y el desgobierno de los señores de la guerra. Y si quedase algún indeciso, una ojeada a la vecina Rusia sería suficiente para persuadirlo.

Deng tuvo la habilidad de conferir a un partido desacreditado (por Mao, y luego por la «Banda de los Cuatro») una nueva legitimidad, la del bienestar. Nunca han vivido tan bien los chinos en toda la historia de su país, que no es corta precisamente. Mao le devolvió a China la unidad y se le premia con una gran fidelidad a su recuerdo. Deng les dio a los chinos un nivel de vida que no conocían y además la esperanza de que eso va a durar. Los méritos tienen su recompensa, igual que en la época activa del confucianismo.

Otra habilidad de los sucesores de Deng, la más reciente: hacer de los chinos un país de propietarios (de sus viviendas). Este nuevo progreso significa un impulso para la economía china similar al que experimentó la agricultura con la descolectivización de la tierra, y que implica el crecimiento sostenido gracias al flujo de nuevos capitales atraídos por el mercado potencial más grande del mundo.

La economía socialista de mercado «al estilo chino» ha adquirido una legitimidad internacional. Y, puesto que los capitalistas del mundo entero ratifican día a día ese éxito, podemos suponer que se trata de una realidad duradera. En efecto, ¿qué otro país, salvo Estados Unidos, tiene «más que decir»?

Si capta en provecho propio la máquina del crecimiento, es decir mercado y capitalismo, China realizará un golpe maestro: llevar la crítica al corazón del capitalismo... ¡y aportar al mismo tiempo la solución! En tanto que sucesor de Mao, Deng continuó el análisis marxista de las «contradicciones internas» del capitalismo, que deben conducirlo a la ruina y a la autodestrucción. Y en tanto que nuevo emperador del Imperio de la Tierra Media, puso a su país en una vía inédita que se propone recuperar lo mejor del capitalismo pero depurándolo de las bombas retardadas que alberga.

Lo que Europa viene intentando desde el final de la Segunda Guerra Mundial, la construcción de «otro» capitalismo (renano, francés, sueco, ¿inglés?), China está en camino de inventarlo. Día a día los dirigentes chinos perfeccionan ese nuevo modelo, confiando en que sea el mejor motor del crecimiento.

La Constitución china se funda en la tradición, esencialmente confuciana, y en una forma de socialismo *sui generis*. China apuesta a que mantendrá ese modelo dentro del marco de sus obligaciones como país miembro de la OMC, pero además piensa aprovechar la globalización —de la que va a ser parte más beneficiaria que ninguna otra— para proponer dicho modelo a sus vecinos asiáticos en dificultades. Y algún día, por qué no, también a ese

Occidente cuya prepotencia la humilló en otros tiempos. En eso consistiría el verdadero desquite.

La economía socialista de mercado, ¿es un sistema óptimo?

Para los observadores extranjeros de las décadas de 1980 y 1990, la construcción de una «economía socialista de mercado», preconizada por el Pequeño Timonel, era sólo una fase de transición y una simple ficción escenificada por el poder comunista, incapaz de reconocer que había optado por el capitalismo. No obstante, ese sistema tan particular no tardó en quedar confirmado. Quedaba pendiente la necesidad de acoger a sus propias elites, enviadas a estudiar en Occidente pero dispuestas a regresar para recoger el «desafío», siempre y cuando se les ofreciesen condiciones aceptables. Para eso era preciso que el capitalismo arraigase en China, a fin de asegurar el desarrollo del país. Pero al mismo tiempo se debía proteger a éste contra el caos. Es decir, garantizar la perennidad del PCCh.

La economía socialista de mercado se metamorfoseó entonces en el «capitalismo al estilo chino», modelo presentado como «mejor que los demás». En la actualidad las elites chinas creen en la validez de ese capitalismo específico. Estudiemos ahora la composición del mismo.

La opinión de los propios chinos

Hay entre los habitantes del país una reflexión continua sobre el sistema gradualmente instituido desde 1978 y que desde entonces se ha perfeccionado y estructurado paso a paso. El juicio global es muy positivo.

1. Un modelo ideal

Lejos de ver en la economía socialista de mercado un simple «híbrido» transitorio y oportunista, los chinos instruidos (y sobre todo los que han estudiado en las escuelas superiores occidentales) no dudan en considerarlo un modelo de organización ideal, o en todo caso una forma perfectamente adaptada a la realidad de la China contemporánea.

Se juzga el sistema, sobre todo, atendiendo a los resultados numéricos: PNB cuadruplicado en veinte años, riqueza que salta a la vista pese a estar mal repartida y limitada a una minoría (pero minoría de 150 a 250 millones de chinos, que no son pocos), espíritu de empresa muy difundido, capitales que afluyen del mundo entero, compradores que acuden, vendedores que se emocionan pensando en el mercado de consumo más grande del mundo, y ya suficientemente desarrollado para justificar inversiones de gran magnitud.

2. Un sistema mixto

Tal sistema, como bien saben los chinos, tiene parientes en otros países incluidos los del Occidente próspero, donde la «economía mixta» estilo francés, la «economía social de mercado» a la alemana y la «tercera vía» británica presentan paralelismos, a veces muy sorprendentes, con la economía china actual. Pero también aprecian diferencias significativas: la economía es mixta, el mercado corre parejo con la administración, y hay que hacer un esfuerzo para distinguirlos.

La política interviene en el mercado con la co-participación de capitalistas chinos y extranjeros. Todos los niveles administrativos (el Estado, las provincias, los municipios) participan en el esfuerzo económico (el oficial e incluso el oficioso) como «parte beneficiaria». Pero al hacerlo así, lo económico transforma lo político e introduce fermentos de cambio internos del partido, y éstos son en cierto sentido la clave del futuro del sistema chino.

Pese a estas diferencias, es el mercado el que avanza gracias a su capacidad para orientar y asignar más eficazmente los recursos escasos mediante el juego de los precios «libres», tal como ocurre en todas las formas de economía mixta que se conocen. Se ha estimado que los precios de mercado regulan el 95 por ciento de las ventas al por menor en China. Esa tendencia tan fuerte no impide, naturalmente, que exista una tensión entre fuerzas del mercado y poderes públicos, pero incluso esto lo consideran beneficioso y garantía de un crecimiento fuerte y controlado. El sistema estuvo cerca de descarrilar a comienzos de la década de 1980, cuando China experimentó lo peor de las «dos culturas»: especulación privada y corrupción pública. La corrección y el *soft landing* de los años 1993 a 1998 redujeron tensiones e hicieron posible que el Estado llegase a dominar mejor su cometido, el que le corresponde en todas las economías, que es el control macroeconómico mediante los instrumentos principales del presupuesto y de la política monetaria.

Un último rasgo, interesante por su aspecto paradójico, permitirá comprender la adhesión de los chinos a su sistema actual. En sus comienzos, la economía socialista era hostil a los «grandes monopolios», incluso los públicos, en la medida en que evocaban directamente la época colonial. Por eso el maoísmo desmanteló las grandes compañías y promovió la descentralización y «el traslado de las fábricas al campo».

Una vez establecido el marco del «socialismo de mercado», el Estado emprendió la reestructuración de la industria y entonces fueron reconstruidas las grandes firmas capaces de enfrentarse con las *world companies* extranjeras. Esa remodelación de las empresas públicas planteó cómo «darles aliento» y gestionarlas.

El mercado convertido en elemento dominante de la economía china

Ante todo, el mercado se constituyó *de facto*, y luego los textos legislativos lo formalizaron: ley sobre el «sistema de responsabilidad familiar» en la agricultura (que sustituyó a las leyes de colectivización); ley del 12 de abril de 1988 que enmendó la Constitución para incluir en ella el reconocimiento de la economía privada; ley del 29 de marzo de 1993, cuyo texto fundamental es la partida de bautismo del sistema de «economía socialista de mercado».

El mercado se impuso de una manera muy progresiva, por etapas y mediante «experimentos» medidos y controlados. Deng introdujo a su país en terreno desconocido; la prudencia en la ejecución era tan necesaria como la audacia en los planteamientos.

La primera etapa afectó a la agricultura, con el cultivo de parcelas privadas y la venta del producto en el mercado libre. En un año la producción aumentó tanto, que China pasó de la situación de país importador de productos agrícolas a la de exportador. El excedente así acumulado fue la primera fuente de capitales para la industrialización, incluso antes (y los chinos se enorgullecen de ello) de la llegada del capital extranjero. Éste no tardó en verse solicitado también: la política de apertura se basó en establecer una industria en las zonas económicas especiales. Para éstas se eligieron lugares alejados de Pekín, con intención de que un posible fracaso (en aquellos momentos iniciales el partido no estaba seguro de nada) no repercutiese demasiado sobre los centros del poder.

Los primeros capitalistas que respondieron a la apertura fueron los chinos de la diáspora, empezando por los de Hong Kong, que contribuyeron a la riqueza de Shenzhen. No hubo muchos occidentales audaces (Peugeot nunca anduvo lejos de Volkswagen, ni Alcatel de Siemens), y japoneses, ninguno. Las posibilidades abiertas a la iniciativa privada no estaban reservadas a las *joint ventures*; también podían participar los chinos de China, sobre todo en los servicios (actividades comerciales). Otra paradoja: fue preciso que se produjeran los «acontecimientos» de la plaza de Tian An Men para convencer a todo el mundo de que el orden estaba asegurado. Entonces los occidentales (y los japoneses) tomaron el relevo de los chinos expatriados. Al mismo tiempo se extendía a prácticamente toda China el experimento de las zonas económicas especiales. En 1992, el famoso «discurso de Shenzhen» pronunciado por Deng Xiaoping en el ocaso de su vida culminaba una obra que bien podemos calificar de «extraordinaria». El discurso se condensó en un aforismo que casi parece confuciano: «Gato blanco, gato negro, poco importa con tal de que atrape ratones». Los chinos descifraron con facilidad el significado de la parábola: el capitalismo estaba autorizado a instalarse en China.

Mucho más lenta fue la aplicación de la apertura a los recursos humanos. Hoy se admite e incluso se fomenta una poderosa emigración china (no exclusivamente de estudiantes, que también).

Podemos anotar a la cuenta de la larga marcha hacia la liberalización los esfuerzos emprendidos para la modernización del sector público de las *State Owned Enterprises* (SOE), que han sido colosales en términos de recursos financieros. Estas empresas eran la fuente principal del déficit público y su situación de virtual quiebra, el centro de todos los problemas de la economía china. Las autoridades no escatimaron medios para el salvamento del sector público porque el paro resultante de un saneamiento «a lo bruto» habría sido social y políticamente intolerable. Lo que hizo el Estado fue recapitalizar, reestructurar y modernizar. Se descentraliza relativamente la administración y se concede a los directivos la posibilidad de gestionar con racionalidad sus empresas, aunque eso sí, la presencia de un delegado del PCCh no dejaba de ser obligatoria. Entre 1996 y 2000 la mayoría de las SOE quedaron transformadas en sociedades por acciones, y una gran parte de éstas salió a cotización en las Bolsas de Shangai y de Shenzhen. Ochenta millones de chinos se convierten en accionistas (la capitalización bursátil acumulada de las dos plazas representa, se cree, un 55 por ciento del PNB). De momento, sólo un 20 por ciento de las acciones de las SOE se halla en manos de particulares. Por tanto, no se puede hablar de privatización. Son «potencialmente privatizables», aunque oficialmente la norma sigue siendo el «ni-ni» (ni quiebra, ni privatización). Algunas empresas públicas incluso cotizan en el extranjero (Nueva York), y por eso, nombres como Haier, Legend y Petrochina van a sonar tanto, en adelante, como China Telecom y China Eastern Airlines. Estas sociedades representan la vanguardia de las *world companies* chinas lanzadas a la competencia mundial.

Para una demostración plena del aspecto «privado» de la economía china tal vez sería preciso fijarse en el esfuerzo continuo, perseverante y sincero que realiza el Estado a fin de establecer con claridad las reglas del juego. Proliferan las leyes y los códigos, redactados muchas veces con ayuda de juristas occidentales, que dan testimonio del nuevo rol del Estado, cada vez menos agente, cada vez más regulador, orientador y árbitro. Forma parte de este movimiento de fondo la reforzada intervención del sistema financiero, y también la instalación de vastos sistemas nacionales de protección social que tienden a reemplazar la función de «seguridad social» que correspondía a las empresas, o «unidades de trabajo» como se llamaban en otro tiempo. El reforzamiento del rol central del Estado debe analizarse en función de la voluntad de ampliar cada vez más el espacio para la actividad cotidiana del mercado.

En la revolución de la distribución hallamos uno de los aspectos más espectaculares de la privatización de la economía. En muy poco tiempo se pasó del monopolio de Estado sobre el comercio al por menor, a la multiplicación de puntos de venta independientes, con frecuencia privados y, últimamente, pertenecientes a grupos extranjeros como Carrefour, Wal-Mart, Makro, Tesco, etc. Quedaron relegadas al pasado, al menos en las grandes ciudades, aquellas vendedoras ariscas tan parecidas a las que existieron en la Unión Soviética, que replicaban a todas las preguntas de los clientes con un sonoro *meo!*, «¡no hay!» La venta minorista fue uno de los primeros sectores que se abrieron a la inversión privada, y «los primos de Hong Kong» se dieron prisa a inaugurar tiendas y ofrecer productos occidentales. Las grandes marcas mundiales siguieron luego el camino trillado.

Para no quedarse atrás, el comercio al por menor que continuaba en el sector público introdujo el estímulo económico (primas y comisiones), con lo cual, como por arte de magia, empleadas y empleados se convirtieron en vendedoras y vendedores sonrientes y hasta algo «tenaces» a veces.

El mercado acabó de imponerse en los ánimos, sobre todo, con la aparición del comercio moderno, del autoservicio, de los *discounts.* Estrenaron este camino los supermercados chinos (Orient, Hualian, etc.), seguidos por las organizaciones gigantes Carrefour y Wal-Mart, y luego por los *category killers* (*discounts* especialistas, por ejemplo en artículos de bricolaje). No hay más que ver las familias que van de compras a un Carrefour para comprender en el acto en qué se ha convertido la economía china: en una economía de mercado, donde la moda y la calidad ahora son necesarias para seducir a unos consumidores que ya empiezan a resultar «difíciles» por su grado de exigencia.

Es un capitalismo joven y, por tanto, cruel para muchos. Ha pillado desprevenidos a los que creyeron, o fueron obligados a creer, en las virtudes del socialismo. No todo el mundo dispone de las relaciones necesarias (con los funcionarios, o con «los primos de ultramar»). Son muchos los que no comprenden las nuevas reglas de juego. Y en el fondo, todavía son pocos los que se arriesgan y saben gestionar los riesgos. No es tan fácil transformarse en «emprendedor» después de tantos años de cesión de las ambiciones personales al «Estado».

Según esto, el capitalismo chino todavía es un «capitalismo salvaje» encuadrado por un Estado que trata de canalizarlo. Acarrea fortísimas disparidades individuales y regionales. Estos desequilibrios pueden llegar a ser peligrosos para China, sobre todo si se frena en algún momento el crecimiento. Por debajo del 8 por ciento la bicicleta china, diseñada para correr, puede caerse. Por eso es necesario que el Estado continúe en actitud vigilante. El socialismo no es sólo un sistema político. También implica una fuerte responsabilidad en cuanto a la gestión de la economía.

Papel final del Estado en la economía de mercado

1. El Estado en el mercado

Ha sido, naturalmente, la primera vía elegida porque se heredaba una situación histórica: el Estado como propietario de todos los medios de producción, de distribución y de financiación.

En la producción todavía dominan el panorama industrial las empresas del Estado. Esta presencia se retrotrae a la época imperial de las manufacturas. Las empresas públicas son también las principales copartícipes de las *joint ventures* o sociedades de capital mixto con aportación extranjera. Las autoridades chinas desean preservar un sector público grande, e invierten cantidades considerables para mantenerlo a flote (ya que la mayoría de las SOE estaban al límite de la quiebra), e incluso para modernizarlo. Dicha modernización ha de pasar por una recapitalización (o varias, a veces) del tejido industrial, como las que hemos tenido en Francia no hace tanto tiempo. Y por reestructuraciones espectaculares encaminadas a crear empresas «campeonas» que puedan luchar, tanto en los mercados internacionales como en el interior, frente a poderosas rivales animadas por las perspectivas que augura el ingreso de China en la OMC.

También pasa, como hemos visto, por la salida a cotización de los títulos de las SOE convertidas en sociedades por acciones. Ciertamente la capitalización bursátil china no es nada desdeñable.

El Estado mantiene la mayoría en las empresas cotizadas. Es un accionista responsable, que recapitaliza todas las veces que haga falta y concede al sector público todas las oportunidades para que demuestre su eficacia frente al sector privado. En ese contexto cabe considerar las *joint ventures* como un instrumento destinado a reforzar el sector público mediante la aportación de capitales así como de pericia técnica y administrativa. En adelante las SOE tendrán que jugar la partida del mercado, es decir que su gestión tendrá que atender a los indicadores de mercado que son la demanda y los precios. Los directivos, competentes y cada vez menos «controlados» por el partido y los sindicatos, será invitados a «hacer dinero».

No se le oculta a ningún observador, sin embargo, que estos directivos tendrán que soportar una limitación importante, la de la gestión del empleo. Las SOE todavía son «unidades de trabajo», lugares donde los asalariados encuentran empleo seguro, protección social y jubilación garantizada. Esa responsabilidad frena la evolución de las SOE. El que pierde uno de esos puestos de trabajo lo pierde todo. De aquí a que tomen el relevo los sistemas nacionales, las SOE cubren una función social y eso explica por qué las favorece tanto el Estado.

Para éste hay otras puertas de acceso al mercado además de las SOE, ya que interviene como beneficiario en la creación de ciertas actividades nuevas. En especial, las que proponen los establecimientos nocturnos (*karaoke*, etc.), cuyos propietarios reales muchas veces son, además de los inversores extranjeros, la municipalidad, la policía... o el Ejército. Así las empresas extranjeras se hallan a veces casadas con instituciones del Estado. El famoso hotel del Cisne Blanco, primer «cinco estrellas» creado en la década de 1980 por Henri Fok, magnate de Hong Kong, lo comparte éste con la municipalidad de Cantón y con el Ejército. Peugeot compartía la propiedad de su fábrica en Cantón —que ahora está en otras manos— con el municipio de esa ciudad.

Con una red de incondicionales constituida por los sesenta y cinco millones de miembros del PCCh, es casi inevitable que las instancias del Estado, dirigidas por caciques, estén asociadas a muy numerosas empresas. Tal estado de cosas, precisamente, es la justificación que se suele aducir para demostrar la irreversibilidad de la evolución hacia el capitalismo al estilo chino. Son demasiados los intereses públicos que dependen del éxito de las iniciativas «privadas», de modo que no cabe imaginar una posible marcha atrás. Cierto que una situación así encierra muchas posibilidades de derivas extrañas, y nos referimos en particular a la corrupción. La burocracia y la corrupción van indisolublemente unidas desde el momento que los funcionarios tienen el poder de conceder o denegar la creación de un negocio. Pero si se les otorga una participación directa en ese negocio, al menos se tiene cierta garantía de que va a ser rentable.

Por el mismo razonamiento se explicaría el hecho de que en China, y al contrario de lo que ha pasado en Corea del Sur o en el sureste asiático, la corrupción no siempre ha sido enemiga del acierto en la elección de las inversiones.

2. El Estado fuera del mercado

El Estado sigue omnipresente en gran número de sectores. Vienen a ser los mismos que en Occidente con frecuencia son atendidos también por instituciones públicas: minas, explotaciones petrolíferas o forestales, transporte ferroviario, telecomunicaciones, servicios públicos (abastecimiento de agua, evacuación de residuos, etc.). La tierra sigue siendo propiedad del Estado, quien la alquila a los cultivadores (por un período de treinta años). Algunos productos básicos, como los alimenticios, el algodón, etc., todavía están sometidos a cupos y al control de precios.

No obstante, es la capacidad para organizar el mercado el lugar donde el Estado chino moderno debe encontrar su justificación. Lo mismo que en todas las demás formas de capitalismo, se le pide al Estado (o en ocasiones, a las organizaciones supranacionales) que defina las reglas del juego y que las haga respetar. En realidad, la regulación estatal del mercado es intensa: ese mercado «libre» es un mercado «liberado en permanencia». A la administración le incumbe una vigilancia sin tregua para evitar que ningún agente del mercado libre alcance una posición monopólica... y la consiguiente aparición de mercados cautivos.

Tenemos ahí la explicación de otra paradoja. La presencia de un Estado potente y omnipresente no es la peor condición para poder conducir una economía de mercado. Resulta, pues, que el capitalismo al estilo chino es además un capitalismo garantizado por un Estado fuerte, que controla las reglas de juego instituidas por él mismo, y que participa por su cuenta en el juego del mercado. En tal sentido hay que interpretar el intento de crear sistemas de protección social nacionales. Es la condición *sine qua non* para que las SOE puedan ser gestionadas, al fin, como empresas normales, con posibilidad de reducir plantillas en caso necesario. A todo el mundo le consta que la reforma de las SOE, su paso a una situación equilibrada, tendrá que pasar por despidos masivos. Pero ese modo de gestión no sería posible sin una protección no vinculada a la empresa. La salvación de un sector público amplio pasa por el aumento del desempleo, y en consecuencia, por un sistema a cargo de la colectividad que proporcione subsistencia a los desempleados.

El otro aspecto de la regulación es la política presupuestaria y monetaria; a partir de 1993, estamos ante la verdadera garantía de éxito del capitalismo al estilo chino.

Dos veces intervino el Estado con energía para regular la economía de mercado, ante sendos desfallecimientos de éste. Con el Noveno Plan, en 1993, Zhu Rongji provocó el enfriamiento de una expansión explosiva. En 2001 el Décimo Plan procuraba eludir la amenaza de la inflación.

Frente a un consumidor que de momento ahorra en vez de comprar, el Estado toma el relevo mediante un gasto público masivo. Este esfuerzo tiene tres puntos de aplicación. El primero, la realización de grandes obras públicas, principalmente de infraestructura (el keynesismo funciona todavía, ¡al menos en China!) En segundo lugar las inversiones se dirigen a la reestructuración de las SOE para ponerlas de nuevo en forma: ¡la gestión coyuntural produce efectos estructurales! Por último, la «Conquista del Oeste», coto cerrado del Estado que asume la función de ensanchar las fronteras de la China moderna o, podría decirse, delinear los contornos del porvenir.

Se abre así el foso del déficit presupuestario. Es el precio que hay que pagar. Pero su financiación no plantea dificultad. Los bonos del Tesoro encuentran salida entre los ahorradores (tal como se ha visto en el Japón), que consideran garantía suprema la del Estado. Para procurarse el resto, las autoridades recurren a la Bolsa, mediante la venta de una parte del capital de las SOE. Al mismo tiempo siguen afluyendo los capitales extranjeros, colocados en activos a largo plazo.

La política monetaria está controlada por el Banco de China, del cual fue gobernador Zhu Rongji. La asignación del crédito privilegia a las SOE (70 por ciento de los créditos bancarios). La gestión crediticia es totalmente «política». El exterior asegura la financiación de la empresa privada, el Estado la de las SOE, y observamos en esto una división de tareas que es un rasgo suplementario de la especificidad del «capitalismo al estilo chino»: alimentado por el extranjero, porque garantiza el acceso al mercado de consumo (potencialmente) más grande del mundo; desafiado por las SOE cuyas acciones cotizan en Bolsa (lo que hoy representa una parte minoritaria de su capital, pero mañana...). Toda ampliación de esa parte equivaldría a una privatización de hecho, y ésta se halla presente en los objetivos del Décimo Plan. Transmitirá a los mercados de capitales chinos un dinamismo que tal vez sorprenderá a los analistas del mundo entero. Los chinos lo observan calladamente, y es posible que por fin se animen a colocar sus ahorros en otra cosa que no sean depósitos de muy baja rentabilidad, siguiendo el camino marcado por los japoneses. No está lejos el momento en que los chinos creerán de veras en su porvenir radiante.

Conclusión

El capitalismo al estilo chino delinea sus contornos con claridad cada vez mayor. Es inequívoca la orientación hacia una economía de mercado. Que se está realizando de manera gradual, en un contexto político que tranquiliza por su estabilidad tanto a los chinos como a los extranjeros.

Este paso a la economía de mercado es dirigido por el Estado, o dicho de otro modo, por el Partido Comunista chino. La desacreditada ideología maoísta ha sido reemplazada por una consigna que recuerda la de Guizot, el ministro de Luis Felipe: «¡Enriqueceos!»

Es la primera vez en la Historia que un partido comunista pilota él mismo tal proceso. Lo hace mediante actos progresivos y bien medidos. La devolución de Hong Kong y de Macao participa de ese avance.

¿Podrá la economía socialista de mercado conducir a China hasta el puesto número uno mundial? Esta es la cuestión.

5

China, fábrica del mundo

Visión china de una gran potencia

En su día, Japón inauguró en Asia un nuevo concepto de potencia: sin ejército propio, apoyándose —antes de la crisis de la década de 1990— sólo en su poderío económico, tecnológico y sobre todo financiero, ejercía un liderazgo indiscutido y desempeñaba un papel importante en los asuntos mundiales, llamando incluso a las puertas del Consejo de Seguridad de la ONU. Al abstenerse voluntariamente de poseer fuerza militar, Japón parecía revestirse de una fuerza «moral» suplementaria que impresionaba casi tanto como su capacidad para financiar las operaciones de mantenimiento de la paz.

De esta manera se abrió paso la idea de que el concepto de «gran potencia» admitía varias interpretaciones. Dicho esto, ¿cuál es la visión de China en tal orden de cosas?

El gran interrogante

No todos los chinos están convencidos de que ese concepto de superpotencia tenga fundamento.

Para los dirigentes chinos el camino está claro. Deben exhibir ambiciones de gran potencia, hablar fuerte y plantar cara a los estadounidenses. Al fin y al cabo, se consideran herederos del Imperio de la Tierra Media. Sin plantearse ningún desquite,* preparan la reconstrucción de una China «grande» y aspiran a devolverle el lugar que merece en el mundo.

Estas consideraciones hallan un eco favorable entre el pueblo chino.

En efecto, después de haber perdido todas sus referencias, las masas chinas comprueban la mejoría palpable de su suerte, y encuentran en esa esperanza de renovación una compensación a sus dificultades materiales y psicológicas, y la promesa renovada de un porvenir mejor.

Más circunspectos se manifiestan, en cambio, los mandarines actuales que son el semillero de los futuros dirigentes económicos, a menudo formados en el extranjero (en Estados Unidos principalmente), y empleados en compañías extranjeras o en las *joint ventures*. La idea misma de una superpotencia china les parece más propia de un esquema tan anticuado como inadaptado. Prefieren el concepto de ciudadanía mundial y reclaman más apertura al exterior. Pero sobre todo, se dan cuenta de que las prioridades son «domésticas». China necesita dedicar toda la atención a sus problemas internos, que son enormes, antes de pretender un papel en el escenario mundial.

En fin de cuentas, el concepto de superpotencia se contempla como una «idea occidental», una expresión de la competitividad que el individualismo occidental quiere infligir a todo el planeta. La noción confuciana de armonía, de «competición entre iguales», les parece más juiciosa y más adecuada a la realidad del país.

De hecho, la idea de que China sea o deba llegar a ser una gran potencia, para los chinos cultivados es una lectura errónea de la situación de su país.

De éste, los extranjeros conocen el escaparate dorado, el de las grandes ciudades, el de las provincias de la franja costera. Frecuentan la vida cotidiana de los chinos acomodados, de los cua-

* *La Revanche du Monde Chinois?*

dros de la clase media «aposentada», sus restaurantes, sus *karaoke*. Los hoteles en donde suelen alojarse los hombres de negocios son lujosos y están emplazados en barrios donde reina la abundancia. Esa cohabitación les impide darse cuenta de lo muy pobre que sigue siendo la inmensa mayoría de los chinos. Que no gozan de una vida fácil, e incluso cuando se tiene la oportunidad de tratar con ellos, el orgullo les impide manifestarlo y no hablan nunca de sus dificultades, ni siquiera en privado.

Para las elites chinas, sugerir que China ya es una gran potencia es una forma de adulación, que induce a desconfiar de las intenciones del que habla.

En el fondo del corazón, sin embargo, reina una confianza infinita. Confianza en uno mismo, en la capacidad de cada uno para triunfar en la vida y, por consiguiente, para contribuir al éxito del país. El orgullo chino es una realidad. Es el motor principal de la irresistible carrera de China hacia la condición de potencia.

La «super» China: mitos y realidades

El análisis racional al que nos invitan los chinos lleva a negar la categoría de gran potencia a una China todavía subdesarrollada. Es posible que esté destinada a prosperar y que pase a ocupar un puesto entre las grandes, pero será, en todo caso, dentro de mucho tiempo. Dentro de un siglo por lo menos. No obstante, los interlocutores chinos admiten que «en ciertos aspectos», sin duda, China tiene una capacidad para influir en los asuntos mundiales, y no hay que olvidar que ése es el criterio definitorio de una potencia.

1. Las primeras señales de la potencia

Los criterios clásicos subrayan algunos signos innegables. El peso demográfico se impone como elemento central. Con más de 1.300 millones de habitantes, China representa una quinta parte de la humanidad. Lo más sorprendente es que los chinos consideran los recursos humanos como una ventaja decisiva. En parte hay que interpretarlo como una verdadera revolución en las mentalidades, y resultado de la política del hijo único, aun cuando ésta no haya experimentado sino un éxito relativo. El desarrollo económico se apoya en la existencia de una mano de obra eficaz y barata, y la consecución de aquél descansa en la regularidad de dicho recurso. A su vez ésta se debe a una reserva casi inagotable, la de la población rural, que son casi 800 millones de habitantes. De éstos sólo una parte cada vez menor, y en adelante minoritaria, va a quedar vinculada a la agricultura. Algo tiene que ver semejante masa de consumidores potenciales con el flujo incesantemente renovado de capital extranjero. La confianza es proporcional a la dimensión de ese mito absoluto, el mercado chino. La potencia militar, evidentemente, también depende del recurso humano, pero ha buscado su fundamento, sobre todo, en la posesión del arma nuclear y en la capacidad para fabricar y lanzar cohetes que ponen en órbita satélites (hasta 64 lanzamientos con éxito del cohete «Larga Marcha»).

Esa capacidad posibilita que China sea miembro indiscutible del Consejo de Seguridad, aunque en la realidad pase por ser un «tigre de papel» (recordemos el fracaso chino durante la guerra sino-vietnamita).

No obstante, cuando hablamos de la gran potencia china habitualmente nos referimos a la dimensión económica. El cálculo es sencillo. Actualmente China es ya la sexta potencia económica mundial con un PNB de unos 1,5 billones de dólares de Estados Unidos, o incluso la segunda detrás de Japón, si se calcula el PNB al cambio por «paridades de capacidad adquisitiva», con unos 4 billones de dólares en 2002. De continuar el crecimiento a tasas nominales del 6 al 8 por ciento (7,2 por ciento de 2001 a 2010, y 6 por ciento de 2011 a 2020 según las previsiones del FMI), en comparación con los índices más modestos de Europa y Japón (de 2 a 3 por ciento), China será la primera potencia mundial según el criterio del PNB en 2020, o en 2030 como muy tarde.

En esa fecha, cada chino tendría una capacidad adquisitiva equivalente a la cuarta parte de la de un occidental, es decir que habría alcanzado el nivel de «nación emergente» con unos 10.000 dólares anuales per càpita. En la actualidad China ya es «número uno mundial» en muchos aspectos: primer productor de cereales, carne, cacahuetes y fruta; primer productor de algodón, acero, hulla, cemento y abonos; primer productor de receptores de televisión... y de bicicletas. También ocupa un lugar destacado en la producción de té, azúcar, soja... y de petróleo.

Posee también una capacidad tecnológica, como demuestran sus laboratorios con el apoyo del *know-how* aportado por sus socios de las *joint ventures.*

Finalmente, por sus institutos de investigación y sus universidades es además una potencia en lo científico. En todos los dominios del saber, y destaquemos el programa de decodificación del genoma humano, en el que China trabaja codo a codo con Estados Unidos, Francia, Gran Bretaña, Alemania y Japón.

2. Poder en el mundo

Es más difícil medir la capacidad para influir en los asuntos mundiales. Implica desde luego aspectos positivos, pero también un factor de perturbación no desdeñable.

En el plano comercial, la contribución de China a las transacciones internacionales se multiplicó por diez en el transcurso de veinte años (de 0,3 a 3,1 por ciento). China es «proveedora» del mundo entero y la plataforma de subcontratación más solicitada. Visitar la Feria de Cantón (bianual, durante la segunda quincena de abril y de octubre), sirve para calibrar la amplitud y la profundidad de la oferta actual, así como la capacidad para fabricar de todo con rapidez y en las cantidades que se pidan.

Los puertos principales de China despachan todos los días miles de contenedores hacia Estados Unidos, Japón, Europa, el resto de Asia, África, el Oriente Próximo y América Latina. Los supermercados de todo el mundo están llenos de productos chinos o más exactamente «made in China». Ya se ven las grandes marcas nacionales, como Haier (electrodomésticos), y se acercan los tiempos en que la creación china contribuirá a nuestras modas de consumo.

En cuanto al mercado chino, es una realidad para muchas *world companies.* Siemens, Alcatel, Sony, Procter & Gamble, por ejemplo, apuntan a éste como el próximo mercado principal para ellas.

El carácter «sostenible» del crecimiento chino es un argumento decisivo para la visión optimista en cuanto al porvenir del país. Está en primer lugar la inagotable mano de obra, cada vez mejor cualificada por educación y por formación. Los chinos proponen la cantidad y la calidad de esa mano de obra como argumento decisivo de las *joint ventures.* La calidad se demuestra, por otra parte, en una capacidad de innovación y de creatividad que todavía no ha sido realmente puesta a prueba, y que conlleva la promesa de una China futura como origen de productos nuevos, no limitada a la subcontratación.

A decir verdad, la China útil de hoy está limitada a la franja litoral. Ésa fue la elección de Deng Xiaoping en el momento en que la apertura parecía un experimento. El éxito de Deng consistió en controlar el crecimiento. Cuando reprimió la insurrección estudiantil de 1989 recalcó su voluntad de continuar el experimento, frente a la opinión de sus adversarios en el seno del partido que no aguardaban sino al estallido del caos para imponer la marcha atrás. Después de Tien An Men los inversores extranjeros «comprendieron el mensaje» y aumentaron la aportación de capitales. Por su parte Deng aprovechaba para estructurar su modelo, la «economía socialista de mercado» y para extenderlo.

Los sucesores de Deng tienen en la expansión hacia el Oeste y hacia el Norte la «frontera» a conquistar. Hay que reducir el peligroso desequilibrio entre un Oeste subdesarrollado (324 dólares de Estados Unidos por habitante en 1995, 15 por ciento del PNB en 1997) y el Este más favorecido (953 USD por habitante en 1995, y 61,4 por ciento del PNB en 1997), pero también conviene extender el nuevo régimen.

La limitación del poderío chino estriba en su imposibilidad de participar en el orden mundial según la importancia de su peso comercial. La potencia militar conlleva obligaciones, en particular el control de los movimientos del armamento nuclear y la no proliferación del mismo. La potencia económica, por su parte, acarrea ciertas responsabilidades, como la participación en las fuerzas de paz o en las operaciones de ayuda humanitaria. Pero China necesita concentrar sus energías sobre sí misma, y eso le impide representar su papel de influencia política mundial. Los asuntos internos seguirán siendo prioritarios durante algunos decenios. La potencia se concentra en el territorio propio porque China es todavía un país subdesarrollado, con omnipresencia de la pobreza.

Como tal, presenta además las limitaciones propias de una fuerte capacidad de generar perturbaciones: China es una gran contaminadora (su consumo energético basado en el carbón es enorme) y lo será más todavía en adelante. Por su crecimiento acelerado, se estima que le corresponderán las dos terceras partes del aumento de consumo energético mundial previsto para los próximos veinte años.

Queda un último criterio limitativo y es el que se refiere a la insuficiente calidad de vida de la mayoría de los chinos y la gran disparidad en cuanto a niveles de vida y acceso a la educación. Precisamente la fuerza del crecimiento japonés, en su origen, consistió en una buena distribución de la riqueza, en la ascensión homogénea de una numerosa clase media. Desde ese punto de vista, China es una potencia desequilibrada.

Pese a todas estas restricciones, el triunfo de China puede predecirse partiendo de las tres observaciones siguientes:

1) En primer lugar, la percepción de una «mejoría» por todos los chinos incluyendo los menos favorecidos, siendo posible afirmar que son más «felices» ahora que en ningún otro momento de su historia.
2) Segundo, la constante atracción que ejerce el imperio sobre los capitales del mundo entero. Los chinos de la diáspora ya no son los únicos que creen en el porvenir de China. Los occidentales y los japoneses han tomado el relevo y la «apuesta por China» se mantiene. Por eso es el primer país receptor de capitales en Asia y el segundo del mundo, después de Estados Unidos.
3) Por último, el hecho de que sea una de las pocas potencias «completas» del mundo, en el sentido de integradas, glo-

bales. Es lo que la hace capaz de desafiar a cualquier otro país, indudablemente y sin exceptuar a Estados Unidos. Esa potencia global la convierte en una asociada inevitable. No es productivo meterse en conflictos con ese país. Con arreglo a esa dialéctica «socio de negocios/enemigo», China constriñe a las demás grandes potencias y con eso demuestra su capacidad real de influencia.

El «despertar de China»

«Cuando China despierte, el mundo temblará», profetizó Alain Peyrefitte. Pero China ha despertado y el mundo no tiembla. Es que el despertar ha ocurrido en forma de apertura, en un contexto apaciguado, sin guerra fría. Por añadidura, sus desequilibrios internos le impiden a China mirar más lejos de su propio territorio, ya que en éste le queda mucho que hacer.

Este despertar del país, como decíamos, no representa una amenaza. Pero conmueve. Es un espectáculo patético y al mismo tiempo grandioso ver a una antigua potencia gloriosa recuperar el camino de las ambiciones.

El progreso en China

Cada chino ha asimilado actualmente la idea del progreso, que sin embargo era antagónica con respecto a los valores sustentados por el confucianismo, el budismo y el taoísmo. En eso consiste la auténtica revolución china, en la voluntad de mejorar en el plano personal, y familiar y a nivel de la nación. El marxismo tuvo el mérito de romper la tradición y su visión de un mundo inmóvil, de una jerarquía inamovible. Puro conservadurismo, en una palabra. La Revolución Cultural remató la destrucción de esas bases de la tradición mediante su consigna de «liquidar a Confucio». El maoísmo era prometeico pero perdió el contacto con la realidad, o la *praxis*, y el voluntarismo de sus «grandes saltos adelante» causó inmensos desastres humanos.

El mérito de Deng es haber reconstruido, apoyado en el partido comunista y pese al descrédito en que éste había caído, un sistema «al estilo chino». La «economía socialista de mercado» fue un éxito porque los chinos creyeron en ella y no digamos los panegiristas del capitalismo occidental. La vía china podía ser una manera de salvarse de la dominación de Occidente.

El poder de la paciencia

Para asegurar el crecimiento rápido y continuado del país, los chinos se ven obligados a poner sordina a los derechos fundamentales (la «quinta libertad», la de los derechos de expresión, de asociación, de voto, etc.), a los que por supuesto aspiran.

En estos comienzos del tercer milenio, contemplan la situación con lucidez. Reconocen las limitaciones del modelo de Deng, pero aceptan ese precio porque según ellos cualquier otro modelo sería más oneroso, y remiten al ejemplo de Rusia. No admiten las críticas de sus «amigos occidentales», que no les parecen pertinentes puesto que no ofrecen ninguna solución constructiva. El mercado abandonado a sí mismo conduciría al caos, el peor de los males, que China ha sufrido con demasiada frecuencia. Todavía se recuerda la revolución «burguesa» de Sun Yat Sen, la de 1911, así como la revolución proletaria de Mao en 1949, que fue al mismo tiempo una restauración nacional.

De los amigos extranjeros se espera la ayuda financiera, tecnológica y de técnicas de gestión. Las *joint ventures* forman el núcleo de la relación con el mundo desarrollado porque son «prácticas», eficaces y no invasivas. Es verdad que su modelo de gestión comporta valores occidentales en permanente confrontación con el sistema chino. Por eso los directivos occidentales enviados allí llevan una vida difícil cuando no están preparados para el choque de culturas y de sistemas. En lo cotidiano, sin embargo, más allá de las disputas y de los conflictos, las ideas circulan y se inscriben en el propio sistema chino, que va evolucionando lenta, imperceptiblemente.

El potencial del capitalismo chino

La economía socialista de mercado tiene vocación de transformarse en «el capitalismo al estilo chino». Muchos altos cuadros chinos, sobre todo los formados en Occidente, admiten que el capitalismo es un «invento occidental» pero que será en China donde se llegue a la plenitud.

Si entendemos por capitalismo la capacidad de cada individuo para automotivarse y trabajar con ahinco, en la actualidad esa variante china resulta muy pertinente. Su compatibilidad con el confucianismo es total puesto que éste exalta las cualidades de laboriosidad de cada individuo, en lo que ve la fuente de su «dignidad» con independencia de la «posición social». Asociados estos valores confucianos a las técnicas modernas de producción y de gestión, se pone en marcha un sistema ultra-eficaz. No hay más que observar el carácter «explosivo» del crecimiento en algunas regiones del Este y del Sur, desde Shanghai hasta Cantón, que alcanzan índices del 20 y el 30 por ciento, incluso del 30 al 40 por ciento en las grandes ciudades.

La capacidad para el cambio

La capacidad de adaptación del PCCh es evidente. En pocos años (de 1978 a 1992) ha sabido transformar su ideología marxista en una ideología del lucro... reafirmando al mismo tiempo su capacidad de control, y extendiéndolo incluso a toda la economía. El socialismo está «en» el mercado a través de todos los peldaños territoriales; los representantes del PCCh (65 millones de afiliados) son parte interesada en la creación de empresas, de *joint ventures* y de reformas, a veces draconianas, de las sociedades estatales.

«Enriqueceos» es la nueva consigna del partido... a condición de que nadie olvide quién manda. Lo que podría traducirse por un silogismo: «Enriqueceos con este poder (que ha sido con frecuencia el origen de la corrupción), porque al enriqueceros vosotros, China sale ganando... y vosotros consolidáis el poder». La búsqueda del lucro es aceptable en una sociedad confuciana, y es la justa recompensa del laborioso. Al igual que en el protestantismo, cuna del capitalismo.

Desde esta perspectiva, la búsqueda del lucro, aunque sea una de las manifestaciones del individualismo, no pone en tela de juicio el sistema, el «orden establecido», al menos mientras la riqueza no se convierta en poder, o contrapoder. Pero este extremo está asegurado, en razón del monopolio que detenta el partido.

El poder, y sólo él, se reserva la prerrogativa de asegurar transformaciones inmensas al tiempo que contiene la corrupción dentro de unos límites razonables. Y hace uso de dicha prerrogativa. En consecuencia, se comprende fácilmente que la dinámica del crecimiento es, por así decirlo, el carburante del sistema, porque además de no poner en tela de juicio el poder, lo consolida en fin de cuentas. Y esa dinámica es, a su vez, la que confiere su carácter irresistible a la potencia china.

En su clasificación de los países por mayor o menor dinamismo, Christian Sautter demuestra que la potencia de las naciones es el producto de un «movimiento» (el cuadrado del índice de crecimiento) por una «masa», el PIB. Pues bien, China tiene la masa económica más grande y el índice de crecimiento más fuerte. Por eso figura en el primer lugar de la clasificación de Sautter, como es natural.

El cambio cuenta con dos factores de aceleración que harán de China una superpotencia: la «Conquista del Oeste y del Norte», y el ingreso en la OMC. Al dedicar fuertes inversiones al desarrollo de sus provincias atrasadas, China completa su éxito tratando de reducir el desequilibrio principal. Al ingresar en la OMC, consolida lo adquirido y se impone nuevas condiciones para perfeccionar su economía.

En este nuevo contexto que engrandece a China al tiempo que reafirma su posición en el mundo, la previsión resulta casi secundaria. Los chinos se desentienden de esta cuestión porque tienen por delante la eternidad... y cinco mil años de historia. Por eso todos, los gobernantes, los altos cuadros, los intelectuales, aplazan a un porvenir muy distante la fecha en que China accederá al puesto número uno del mundo. A finales del siglo XXI... o hacia el siglo XXII... ése es el horizonte que se admite por lo general. Alrededor de 2020-2030 el país habrá realmente «emergido» para unirse al pelotón de los países de «desarrollo medio», y sus habitantes disfrutarán de una capacidad de compra significativa, del orden de los 10.000 dólares estadounidenses *per cápita*.

Es verdad que el reparto continuará siendo desigual, pero se habrá formado una clase «adinerada» de unos 200 a 300 millones de individuos.

Conclusión

Las opiniones expuestas no coinciden necesariamente con las de los interesados. Los chinos valoran el porvenir en función de los progresos ya realizados. Que los demás, si quieren, tomen postura con respecto a China, el Imperio de la Tierra Media. Contradice a esa reticencia el deseo de los ciudadanos de «figurar en el mundo».

Sin duda llegará el día en que la voluntad de crear una cultura expansiva será incontenible. Entonces China pasará a considerarse una potencia civilizadora, y tendrá que medirse con las demás culturas. Ese día será el de la verdadera irrupción china.

6

¿Es irresistible la potencia china?

El «teorema» de Christian Sautter pone a China en el primer rango mundial actual en razón de su «fuerza viva». Esta expresión es una metáfora y refleja con bastante exactitud la sensación que tienen quienes descubren aquel país, la de una «fuerza tranquila», que se impone a la percepción al mismo tiempo que el dinamismo y la vivacidad de un pueblo que sin duda alguna ha «despertado».

Se necesita un análisis más pormenorizado, sin embargo, a fin de distinguir los hechos que suscitan esa impresión o que, por el contrario, podrían inducirnos a ponerla en duda.

El porvenir del capitalismo al estilo chino

El porvenir de ese capitalismo tan específico es «radiante», por supuesto, a ojos de las elites y de los dirigentes chinos. Todos saben que pueden contar con la capacidad de sus valores fundamentales, asociada al pensamiento confuciano, para regenerarse constantemente y adaptarse a las formas modernas de la actividad humana, impregnada de lo que llaman los estadounidenses *Manifest Destiny*, y que es un destino inscrito en una trayectoria «manifiestamente» vencedora.

Para nosotros, observadores o asociados, vale la pena examinar más de cerca la situación, a pesar de todo, para hallar las respuestas a las tres preguntas esenciales que nos plantea la economía china:

- — ¿Se conseguirá solucionar el problema de las empresas públicas?
- — ¿Podrá mantenerse mucho tiempo más la competitividad de amplios sectores de la economía y más en concreto, el sector exportador?
- — ¿Sabrá China gestionar su porvenir científico y tecnológico?

El destino de las SOE (State Owned Enterprises)

Por supuesto las SOE están integradas en la economía de mercado. Para la mayoría de estas empresas públicas, en efecto, es la libre formación de los precios por la ley de la oferta y la demanda el criterio de una asignación óptima de los recursos. Al menos, en teoría. Importa corroborar este punto porque las SOE representan cerca del 70 por ciento de la actividad económica y cerca del 60 por ciento del valor añadido y del empleo. O mejor dicho, las bases mismas del capitalismo chino dependen del rendimiento de las SOE. Ahora bien, éstas presentan un índice de crecimiento del 10 por ciento anual, bastante inferior al 15 por ciento de las empresas privadas.

Conviene subrayar que una gran mayoría de las SOE no son rentables en el sentido «liberal» de ese término: plantillas hipertrofiadas, organización deficiente, incomprensión de lo que hoy día está en juego, como el diseño o el marketing, conducen a disfuncionalidades (o no funcionalidades) que saltan a la vista del visitante. Persiste la política de «brazos ociosos» en detrimento de los esfuerzos de productividad. Los dirigentes han comprendido perfectamente la necesidad de pasar del concepto de «unidad de trabajo», propio del comunismo, al de empresa. Desde hace diez años, la reforma de las empresas estatales constituye el principal desafío que el responsable económico del país y primer ministro Zhu Rongji se planteó a sí mismo. En realidad, es una revolución de las mentalidades al igual que una mutación técnica y de gestión. Teniendo en cuenta que esa reforma no podrá ser una privatización, al menos oficialmente. Le corresponde al Estado conducir esa renovación y sacar los beneficios que resulten de ella, incluso en términos de imagen.

La modernización pasa, en primer lugar, por una reducción de efectivos. Al proceder a ella China descubre el fenómeno del paro, característico de las economías «libres». Y las primeras cohortes de desempleados empiezan a suscitar temibles problemas sociales, es decir políticos. La reacción es la implantación a nivel nacional o provincial de instituciones de providencia social. A ello se han comprometido las autoridades actualmente en el poder. Mientras empiezan a funcionar esas nuevas organizaciones, la reducción de plantillas de las SOE se demora con el consiguiente retraso de su modernización.

A la espera de las inevitables medidas draconianas, se han introducido tres paliativos.

1) En primer lugar, el Estado sigue recapitalizando las SOE que arrojan pérdidas. Estas subvenciones son una sangría considerable para el presupuesto y reducen mucho la capacidad del país para desarrollar sus infraestructuras, la educación y la investigación.
2) Mejorar la gestión colocando a auténticos «gerentes» y recortando las atribuciones de la representación (o correa de transmisión) política y sindical. Esos directivos, formados en el extranjero cada vez más a menudo, padecen grandes dificultades para actuar en un entorno muy limitativo.
3) La conversión de las SOE en sociedades por acciones, lo que hace posible la salida a Bolsa y la apertura del capital («dar oxígeno») al público chino o extranjero. Esta solución tal vez cubrirá sus objetivos porque los chinos mantienen un ahorro superabundante y mal remunerado; conocida su afición al juego, una rentabilidad más interesante constituirá una tentación invencible. En cuanto a los extranjeros, son muchos los dispuestos a apostar por el éxito de China.

Con todo, los dirigentes todavía no encaran oficialmente la vía de la privatización, por lo que se hallan condenados a continuar con la obra de saneamiento, y será un proceso largo y doloroso. Algunas SOE han encontrado ya la vía de la recuperación, de la modernización y del crecimiento. Las autoridades las identifican como capaces de «andar sobre sus propios pies» e incluso de implantarse en el extranjero.

La internacionalización de las empresas chinas

Emergen en el plano mundial varios nombres prestigiosos (Haier, TCL, Lenovo), algunos no muy conocidos todavía en Europa. Son los precursores de un fenómeno más amplio, indicador irrefutable de la victoria de China.

Los observadores enumeran varios casos de intervención de empresas chinas en este movimiento de internacionalización: TCL ha adquirido Thomson Consumer Electronics, y Lenovo la división de ordenadores personales de IBM. Es sólo el comienzo de un proceso que podríamos describir de la manera siguiente:

En una primera etapa, las autoridades eligen un núcleo formado por unas trescientas empresas, que son SOE por lo general, y deciden convertirlas en «Campeonas Nacionales». Esa etapa comprende dos operaciones concomitantes: primera, mantener una forma de proteccionismo eficaz y aceptable para la comunidad internacional de la OMC, con la justificación de que esto se hace para «proteger a las industrias emergentes» (operaciones similares, al fin y al cabo, se realizan en todos los países del mundo); segunda, una reforma de las SOE que sea suficiente para ponerlas en condiciones de aprovechar al máximo dicha protección. Lo más frecuente es que la reforma consista en transformar la SOE en sociedad por acciones y sacarla a cotización en Bolsa (las de Shanghai y Shenzen en China, la de Hong Kong e incluso el NYSE), pero cediendo sólo una porción minoritaria de las acciones, puesto que de momento no se plantea la «privatización». Y sobre todo, también consiste en cambiar a los directivos (en adelante la profesionalidad va a contar más que la fidelidad a la ideología marxista).

En una segunda etapa la SOE experimentará un desarrollo potente en la misma China, bien protegida frente a la competencia tanto interna como externa. En estas condiciones podrá amasar beneficios considerables.

La tercera etapa consistirá en utilizar el «colchón» así acumulado para emprender una rápida expansión hacia el extranjero. La adquisición de empresas es uno de los procedimientos posibles para ese desarrollo rápido, por cuanto permite acceder rápidamente a mercados desconocidos en donde hay que trabajar con arreglo a normas culturales distantes de los preceptos confucianos.

Además de las campeonas industriales también merecen atención las «Campeonas Comerciales» que derivan de las antiguas corporaciones de export-import. Aunque éstas han perdido el monopolio de las transacciones exteriores (los industriales chinos pueden comprar y vender directamente al extranjero), conservan algunas ventajas: personal experimentado que habla idiomas y ha constituido y fidelizado redes de relaciones, conocimiento de las prácticas del comercio internacional, antigüedad en el flujo de los negocios, capacidad financiera y técnica.

Recordemos las *Sogo Sosha* (grandes compañías japonesas de comercio internacional) y su destacado papel en el desarrollo internacional de Japón desde finales del siglo XIX.

Es de suponer que pronto aparecerán en China nuevas *Sogo Sosha*, y que desempeñarán un papel dinamizador para la China del siglo XXI en todos los mercados mundiales.

La competitividad puesta en duda

¿Se podrá mantener la competitividad de los productos chinos? Esta pregunta estaba en el ánimo de todos los observadores cuando China, en plena crisis asiática (la que comenzó en julio de 1997 con la caída del baht tailandés) se comprometió a no devaluar el yuan.

Los hechos dieron la razón a los que adivinaron (no fueron muchos) que los chinos deseaban sostener la cotización de su moneda teniendo en cuenta el formidable beneficio de imagen que ello les supondría. Y en efecto, los productos chinos conservaron su competitividad frente a la de los países vecinos del sureste asiático. En lo que intervinieron varios factores, empezando por la relativa estabilidad del yuan frente a las devaluaciones competitivas de Tailandia, Indonesia, Corea del Sur, etc., y después de su propia y fuerte devaluación previa del 40 por ciento. Que fue una de las medidas tomadas por Zhu en 1994 para contener el crecimiento y encaminar la economía hacia un proceso de «aterrizaje suave».

Además, las empresas chinas estaban obligadas por acuerdos a largo plazo con sus compradores extranjeros. En ese país, las compras, aunque sean puntuales (por ejemplo, durante la Feria bianual de Cantón), resultan de negociaciones muy profesionales sobre diseño, calidad y plazos de entrega. Cierto que el precio también es un elemento esencial de la competitividad de los productos chinos, pero no el único. Por consiguiente, los clientes no están dispuestos a cambiar súbitamente de proveedores después de haber invertido tanto tiempo, paciencia y esfuerzos para conseguir unos flujos de aprovisionamiento seguros y fiables.

Pese a todo esto, la cuestión sigue planteada a largo plazo. El alza de los salarios en las grandes ciudades, Pekín, Shanghai, Cantón, ¿no acabará por repercutir sobre la competitividad de los productos chinos en el aspecto del precio? La primera respuesta es muy clásica: como en todas partes, las alzas de los salarios son inevitables, y son consecuencia del éxito exportador. Entonces hay que buscar la mejora de la productividad en la organización y la mecanización.

Por otra parte, el aumento de los costes puede compensarse mediante la mejora de la calidad de los productos y la creatividad.

Pero también se da una respuesta propiamente china, que se basa en criterios cuantitativos: la inmensidad de la población y la profundidad del espacio geográfico. La reserva de mano de obra implica para China una superioridad casi permanente por lo que se refiere al coste de la hora de trabajo, en comparación con los demás países emergentes que muy pronto chocan con sus propios límites (como lo demuestra, por cierto, la evolución de los salarios en Japón o en Corea del Sur). Esa mano de obra rural irá quedando disponible a medida que progrese la productividad de la agricultura, y las actividades industriales vayan penetrando en el interior del país. En esto las autoridades desempeñan un papel activo, puesto que cada vez que se presenta la oportunidad de conceder una autorización pueden asignar a las *joint ventures* un emplazamiento continental, como Wuhan —éste fue el caso de Citroën— o Chongqing. Aunque también puede ser consecuencia de un movimiento «natural», como cuando las industrias textiles emigran de Guandong (la provincia de Cantón) a Hebei, mientras que Guandong encuentra una compensación acogiendo las industrias de la confección procedentes de Tailandia o de Corea del Sur. La «Conquista del Oeste», vasto proyecto del gobierno chino, es la garantía de la perdurable competitividad de los productos chinos.

La creatividad puesta en duda

La creatividad y en particular las innovaciones resultantes de las actividades de I + D son una necesidad «estratégica».

Fundamentalmente, la investigación recibe una dotación escasa en China (1 por ciento del PNB, frente al 3 por ciento de los países desarrollados). En esta dotación predomina la aportación pública con un 60 por ciento, aunque esto no es necesariamente un hándicap si se compara con la investigación francesa (dominada también por el dinero público) o con la japonesa (mayoritariamente privada, sin que eso garantice su eficacia). Se plantean dos temas que afectan más directamente a la realidad china, la creatividad y la protección de la propiedad intelectual.

El tema de la creatividad se presenta de idéntico modo en todas las civilizaciones confucianas: el respeto al maestro retarda la emancipación del discípulo. El espíritu humano conoce su período de mayor creatividad durante la juventud, que es cuando se aleja de los modelos enseñados. Durante demasiado tiempo, la práctica japonesa ha sido la de «rematar los clavos que sobresalen». El maoísmo chino reincidió en ese defecto confuciano. El país necesita una reforma de la educación, pero también una influencia más intensa de las prácticas occidentales. Los chinos de ultramar se han empapado de individualismo y se han librado en parte de las sujeciones de la tradición. Ahora es el momento de que sus compatriotas continentales los secunden, por ejemplo mediante los contactos cotidianos en el seno de las *joint ventures*, los estudios en el extranjero, la presencia de profesores occidentales en China.

La protección de la propiedad intelectual es un problema más complicado. La ideología confuciana no considera que la imitación sea un acto negativo. Copiar está bien, incluso es necesario por cuanto representa un homenaje del alumno al maestro. Desde un punto de vista más general, China considera que ha aportado mucho a la humanidad con los grandes inventos del pasado, la rueda, la pólvora, la imprenta. Por tanto, no debe escandalizar que los pueblos beneficiarios, y que además la humillaron en otros tiempos, la «indemnicen» regalándole sus destrezas y sus tecnologías. Nos encontramos aquí en un doble punto muerto, porque del lado chino, la capacidad para falsificar productos es ilimitada. El ejemplo japonés demostró que se necesita un nivel bastante alto de dominio de la técnica para «copiar» bien, puesto que se trata de entender la esencia de la ventaja técnica para ser capaces, no sólo de imitar, sino incluso de mejorar. Para los propietarios de patentes, es lógico que la falta de una protección suficiente de sus derechos los incite a limitar su aportación. Por una ironía de la Historia, los japoneses son ahora los más reticentes a ceder sus tecnologías «punteras». Y las demás naciones desarrolladas también vacilan en ofrecer todo lo que podrían, a falta de garantías serias.

Liberalización de la educación, información más fluida (los regímenes autoritarios no son promotores de la comunicación, que digamos), protección de la propiedad intelectual: tales son las tres condiciones del éxito de China.

La mayor ventaja: la población

Transformar en carta ganadora lo que durante mucho tiempo se consideró como su principal impedimento, la masa enorme de su población, se nos revela ahora como uno de los fenómenos más revolucionarios de la China contemporánea.

El éxito de la política del hijo único, aunque parcial, le transmitió al país la percepción de que la demografía podía ser dominada. La población deja de ser una hidra para convertirse en un recurso controlado. Hoy sabemos que en 2005 se habrá llegado a un máximo de 1.380 millones de habitantes, después de lo cual China, lo mismo que Japón, entrará en regresión demográfica.

Nuevos problemas se plantearán entonces, en particular el envejecimiento de la población.

Para China la política del hijo único no presenta sólo ventajas. En cierta medida, las categorías cultas de los *han*, la etnia mayoritaria en China, resultan penalizadas en comparación con las masas rurales pobres y las minorías étnicas que han recibido dispensas. De este modo China se une a la procesión de los países civilizados obligados a gestionar situaciones parecidas y afectados por los movimientos demográficos que suscita la globalización.

La integración mediante la educación

Con la globalización, la población de cada país se mide por parámetros distintos, y así el pueblo chino ya no se cuenta por «bocas que alimentar». Ahora esa masa demográfica se calcula en relación con el resto del mundo, y China puede afirmar que representa «la quinta parte de la humanidad». Para los demás países, eso significa el mercado más fenomenal del mundo. Nadie puede asumir el riesgo de renunciar a ese potencial, que impone la consideración de China como «asociada estratégica». Llamarla «antagonista» sería renunciar a las promesas de ese mercado y poner en peligro a las empresas propias. Estados Unidos medita esta situación: hasta la superpotencia debe tener en cuenta la realidad y la presión demográfica de China.

Dos peligros amenazan a esa potencia demográfica, la pobreza y la ignorancia. Para luchar contra la pobreza no hay más que un medio, la «Conquista del Oeste y del Norte». Es decir, la integración de las masas rurales, de esos 870 millones de chinos que, si bien no pasan hambre ya, todavía no han entrado en la carrera del poder adquisitivo. Las grandes obras públicas en curso (como el presa de las Tres Gargantas) tienen objetivos más amplios que la mera gestión del agua y de las comunicaciones, que la política tradicional e imperial de construir canales. Se trata de unificar poblaciones para implicarlas a todas en el porvenir de China.

La educación es el medio principal de transformación de la «masa» demográfica en «fuerza viva». En esto China puede remitirse a un largo pasado. La tradición confuciana es elitista (los concursos para el acceso al mandarinato) y muy selectiva. Lo mismo que sus vecinos japoneses (o sus homólogos franceses), los cuadros dirigentes chinos se definen sobre todo por la «universidad» en la que estudiaron. La carrera de los ambiciosos está jalonada de difíciles exámenes, y además están presionados por las familias que consideran la educación del único hijo como un deber imperativo al que sacrifican su propio bienestar.

Este sistema tiene varios inconvenientes. En primer lugar, la formación que recibe la elite no siempre es la más idónea para enfrentarse al mundo nuevo. La acumulación de conocimientos prevalece sobre la capacidad para utilizarlos de manera creativa, que quiere decir autónoma. Atiborrar las cabezas no es la mejor manera de amueblarlas bien. Y además, el sistema expulsa una gran mayoría de rechazados. Los «cateados» de las universidades principales se quedan con la sensación de fracaso y marginación. Numéricamente constituyen un cortejo de desahuciados: no terminar los estudios es una vergüenza en el país de Confucio. En la actualidad, la solución pasa por el recurso masivo a los estudios en el extranjero, con lo que se ha creado uno de los movimientos más multitudinarios de «emigrantes escolares» en la historia de la humanidad. Estimulados por las autoridades y empujados por sus progenitores, cientos de miles de estudiantes salen rumbo a todos los continentes para obtener su «repesca» en forma de diploma extranjero.

Con todo, el envite principal se juega en la misma China, frente a esas masas rurales que no tienen ni la información ni los medios económicos que precisarían para poder aprovechar esas peregrinaciones de reenganche. No hay más medios que la industrialización, la modernización del campo y las *joint ventures* para allegar los recursos que permitan remunerar adecuadamente a los enseñantes, de manera que permanezcan en el sistema escolar los millones de vástagos de la población rural. La «Conquista del Oeste y del Norte» convalidará el proceso de integración.

El surgimiento del pueblo chino en su totalidad, en eso consiste la promesa de la auténtica potencia china. Así el país podrá recuperar lo que fue la grandeza del Imperio de la Tierra Media, su influencia cultural.

La influencia cultural china

La nueva apuesta consiste en saber si Asia bajo los efectos de la influencia china podrá volver a ser una fuerza cultural mundial, capaz de ofrecer, frente a la prepotencia de un Occidente persuadido de sus valores, otro modelo viable, es decir portador de riqueza. Ese desafío asiático que tiene en China su «conductor» natural, ¿desembocará en el enfrentamiento, en el «choque de civilizaciones», o por el contrario en una cooperación, o tal vez incluso una síntesis? Tenemos ahí, posiblemente, uno de los interrogantes principales de estos comienzos del tercer milenio.

De momento, examinemos con más detalle lo que significa esa recuperación para la misma China. La visión confuciana de la sociedad sigue siendo el eje central de las costumbres chinas y asiáticas. Hay otras enseñanzas y religiones participantes de esa cultura, pero en los países orientales la etiqueta confuciana sigue rigiendo las relaciones entre las personas. La jerarquía social, según la definición de Confucio, aspira a establecer la armonía en todas partes. En el transcurso del tiempo no se encuentra poder asiático que no haya apreciado la utilidad del discurso confuciano. Tenemos así que hace veintidós siglos, la dinastía de los Han lo adoptó como filosofía de Estado. Y halló en Mao un continuador perfecto, puesto que el marxismo chino puede definirse, caricaturizándolo, como la puesta en marcha de una sociedad inmovilizada por una jerarquía paquidérmica.

Sólo durante el breve período de la Revolución Cultural de 1966-1976 fue puesto en tela de juicio el confucianismo, dentro de lo que equivalió a un cuestionamiento absoluto de la sociedad. La virulencia del asalto anticonfuciano demuestra, de paso, lo arraigado que estaba el pensamiento del inmortal maestro en el sistema implantado a partir de 1949.

Desde el retorno al orden, y en el nuevo contexto impuesto por voluntad de Deng Xiaoping (la apertura al extranjero, el recurso al mercado como orientador de la economía), se plantea la cuestión de la ideología, y más prosaicamente la de la legalidad del poder comunista. Estaba claro que la Revolución Cultural, seguida de los desórdenes causados por la intentona de prolongar dicha revolución por parte de la Banda de los Cuatro, barrieron definitivamente con la fe de los chinos en la dictadura del proletariado como portadora de un porvenir radiante. Pero, al mismo tiempo, el partido comunista continuaba en el poder. La renovación de su legitimidad precisaba del éxito de la política de apertura y del capitalismo al estilo chino que estaba implantándose poco a poco. La necesidad de asentar un nuevo sistema de valores, los del dinero y el éxito, superpuestos a los tradicionalmente establecidos, contribuye a la restauración del confucianismo, al que los chinos perciben como capaz de sustentar distintas formas de poder siempre y cuando éstas respeten la «jerarquía natural» y la etiqueta. Dada la coherencia de la armonía confuciana con el mercado, aquélla se convirtió en garantía de la estabilidad social y del orden. El 4 de junio de 1989, las autoridades chinas deciden imponer el respeto a ese orden maltrecho por una insurrección estudiantil que amenazaba con romper el equilibrio todavía frágil entre un régimen comunista y una economía basada en la iniciativa de los campesinos, los comerciantes y los industriales.

El espíritu emprendedor, promovido así a la categoría de los valores positivos, fue transmitido en esencia por los chinos de ultramar, es decir por aquellos «primos» que huyeron del caos, de la miseria... y del comunismo. Fueron ellos los conservadores de los valores tradicionales y chinos, y sobre todo del confucianismo, mientras alcanzaban el éxito material. Fueron los chinos de la diáspora los que fecundaron con sus capitales a la China de Deng, que precisamente buscaba también un nuevo equilibrio «valores tradicionales/éxito material» que funcionase sin cuestionar el poder del partido.

La célula familiar, las relaciones personales, las famosas redes de influencias (*guanxi*), forman la base de la creación de empresas. Los capitalismos de Taiwan, Hong Kong, Singapur, fecundaron el capitalismo chino. Existen por supuesto numerosas diferencias entre estos sistemas. Pero si fuese preciso buscar un común denominador, sería la coexistencia de una economía emprendedora con un poder fuerte. Es lo que recomendaba Confucio atendiendo al interés general, a la armonía social que genera el bienestar para cada sujeto.

La cuestión pendiente se plantea así: ¿ha puesto en marcha el Asia china una forma de sociedad capaz de rendir mejor que las democracias occidentales? Ya hemos comentado la respuesta que dan los mismos orientales. Ellos están persuadidos de vivir en sociedades capaces de rivalizar con las de Occidente.

Sobre el fundamento de esa confianza tranquila, que encuentra sustento en muchos siglos de civilización, empieza a perfilarse una hegemonía: el cine, la danza, la pintura, la literatura del Extremo Oriente hacen irrupción en el mundo y nos indican la existencia de una cultura china poderosa, con la que será preciso contar en adelante. La masa demográfica china, integrada por medio del desarrollo y de la educación, abierta al resto del mundo, recibe en cierto sentido la «dinamización» de esa capacidad para irradiar. Los pueblos chinos ya son actores en el escenario mundial.

Ninguna manifestación más palmaria de ese ascenso irresistible hacia el poderío que las megalópolis chinas, Shanghai la primera. El auge de esta ciudad refleja la ambición de China. La rapidez de su desarrollo, el milagro del surgimiento de una urbe moderna en tan pocos años —la nueva, Pudong, adosada y asociada a la ciudad antigua pero modernizada, Puxi— suscita en los visitantes una impresión de potencia incontenible.

Shanghai es el símbolo de vanguardia de lo que tal vez llegará a ser China entera algún día. Mientras tanto, no olvidemos que son muchos los obstáculos que jalonan la elevación inevitable de la China de Deng, de Jiang y de Zhu a la condición de superpotencia.

La irresistible ascensión de la potencia china

Está en juego el liderazgo mundial, pero eso no implica un retorno a la situación del mundo anterior al Renacimiento europeo, centrado en Occidente alrededor del Mediterráneo pero dominado a distancia por el Imperio de la Tierra Media. El retraso es demasiado grande, tras un estancamiento de tantos siglos. Las masas atrasadas, incapacitadas, estaban sujetas a una corte imperial desdeñosa que se rodeaba de los mejores elementos del pueblo, seleccionados por los concursos nacionales al mandarinato y alienados enseguida de sus orígenes. Ahora el mensaje del gran retorno se escucha en todo el país. Una minoría ha emprendido ya el camino, aunque es una minoría numéricamente equivalente a toda la población de Europa occidental o de Estados Unidos. El reto está en movilizar a toda la nación sin disminución del dinamismo. Los obstáculos son de orden económico y político.

Los obstáculos económicos

La intervención del Estado sigue pesando mucho. El control del sistema financiero es total. Ya hemos visto que eso fue lo que permitió eludir buena parte del impacto de la crisis asiática de 1997. La asignación de créditos, que se halla por completo en manos de la administración, aumenta de modo artificial el peso de las empresas públicas. Decíamos que esto no es necesariamente un obstáculo para el desarrollo, sobre todo durante las fases emergentes (como se está viviendo en China) o de reconstrucción (como Francia después de la Segunda Guerra Mundial). Por desgracia, tal sistema alimenta un sector público ineficaz y las SOE sobrellevan la responsabilidad de «lastrar» el crecimiento. Salta a la vista que esta situación es crítica para el poder mismo.

En este sentido, China no difiere, en lo fundamental, de los demás países asiáticos que sufrieron de lleno el impacto de la crisis. En toda Asia, la concentración del poder ha generado su parte de *non-performing loans*, de préstamos fallidos que no son rentables y que bloquean el crédito bancario. Según estimaciones, el Banco de China y los tres bancos nacionales (Industry and Commerce Bank of China, China Construction Bank y Agricultural Bank of China) mantienen un 40 por ciento de *bad loans* en sus cuentas, lo que totaliza 160.000 millones de dólares. Más grave todavía es la existencia de un sistema de créditos de empresa a empresa que reserva muchas sorpresas desagradables. El poder omnímodo de la burocracia china incide en el funcionamiento de las empresas, en especial el de las *joint ventures* con compañías extranjeras. A éstas se no les sienta nada bien las acometidas de una burocracia arbitraria, lo que quiere decir corrompida.

Con lo que llegamos al núcleo de la contradicción. El capitalismo chino descansa sobre valores asiáticos a los que se juzga capaces de eficacia. Esta condición la entendieron desde luego los observadores locales y sobre todo los directivos de las empresas de Hong Kong, en la actualidad muy implicados en el destino del país, y que saben muy bien hasta qué punto la aportación británica de la *rule of law* fue positiva para la colonia. Con el tiempo se verá si las empresas continúan encuadrados por el imperio de la ley.

Pues, en efecto, dichos valores no cuentan con el apoyo de una moral absoluta vinculada, como en Occidente, a una religión que define a Dios como una «trascendencia» capaz de definir con claridad el Bien y el Mal. La moral asiática es «relativa» y sitúa en primer plano el respeto a la etiqueta, la preservación de la armonía en las relaciones, y las lealtades de familia y de «clan». Los valores fundamentales en Asia, es decir el culto a la educación, la capacidad para motivarse uno mismo en el trabajo, van unidos a prácticas sociales que privilegian la «relación» (*guanxi*) por encima de la competencia profesional. Lo cual puede inducir efectos perversos. Es precisamente esa reversibilidad de los valores lo que ha corrompido todos los sistemas de poder en Asia y conducido a las crisis japonesa y asiática de los últimos diez años. De las que China no salió indemne, aunque su particular sistema de poder, el monopolio del PCCh, haya permitido limitar el «extravío».

En toda Asia la crisis económica unida a la crisis de poder, tal como acabamos de explicar, produjo cambios de orden político: un nuevo presidente en Corea del Sur, un cambio de primer ministro en Tailandia, la caída de Suharto en Indonesia y más tarde la de Estrada en Filipinas, y cambios frecuentes de primer ministro en Japón. La única que no se ha movido es China, porque logró resistir la crisis y porque el poder, en su sistema, se halla relativamente al abrigo de la contestación. Aunque durante la crisis se pudo observar que los «reformistas» cobraban cierta ventaja sobre los «conservadores». Tal hecho nos plantea la cuestión de la evolución del régimen chino, como veremos un poco más adelante. En cualquier caso cabe decir que la crisis generó en toda Asia una «democratización» más profunda de aquellas sociedades, y que tampoco China podrá sustraerse a un cambio. La mutación se aprecia ya en la abundancia de textos legislativos que tienden a consolidar el respeto al imperativo legal. En ese contexto hay que estudiar también el obstáculo al desarrollo que representa la deficiente protección a la propiedad intelectual en China. El desprecio de ese derecho es un freno importante para la creatividad propia y para la entrada de innovaciones extranjeras.

Hay otro obstáculo de gran magnitud y es el problema medioambiental.

La rapidez del crecimiento, la urbanización explosiva, han generado una contaminación bastante grave, comparable por cierto a la que tuvieron los países desarrollados en las fases iniciales de su auge. En la década de 1960 el aire de Tokio era irrespirable. Hoy, las normas anticontaminación aplicadas al automóvil y a las calefacciones urbanas han hecho posible un ambiente más llevadero en la capital japonesa. Pekín, Shanghai, Cantón y las demás megalópolis en pleno desarrollo han iniciado ya las imprescindibles reformas. Pero el coste inevitable de las mismas reformas también es un obstáculo al desarrollo.

El problema energético es fundamental. El consumo de un

país con un fuerte crecimiento y con una estructura industrial clásica (pesada, contaminante, poco eficiente en el uso de la energía) es elevado. El combustible de mayor disponibilidad, la hulla, contamina mucho. China ha dedicado grandes sumas a las prospecciones de petróleo, incluso en aguas territoriales en litigio, a menudo en *joint venture* con petroleras del extranjero. Ha empezado a instalar centrales nucleares con la colaboración técnica de Francia. No obstante, seguirá recurriendo al carbón durante muchos años todavía. Lástima que sea de mala calidad. Pero no falta sensibilidad medioambiental. Se han promulgado normas anticontaminación severas, y se asume que conllevan un coste.

Esta ambivalencia contaminación/crecimiento tiene un correlato en la cuestión de los productos falsificados. China pretende ser un Estado de derecho, y además sufre la presión extranjera que la invita a reforzar tanto su aparato legislativo como su sistema represivo.

No hay que subestimar el riesgo a corto plazo para el crecimiento. Son muchas las fábricas que producen grandes cantidades de productos de imitación. En parte el crecimiento chino se basa, por tanto, en no respetar la propiedad intelectual. Son «malas costumbres» que hacen peligrar tanto la creatividad de los chinos como la disponibilidad de los extranjeros a aportar su *know-how*. La lucha de las autoridades contra la falsificación demuestra que han cobrado conciencia del problema y procuran frenar esos desmanes del desarrollo.

Finalmente la «Conquista del Oeste y del Norte» tropieza con el atraso de las masas rurales (campesinos, artesanos, trabajadores de las «fábricas en el campo»), sobre todo en materia de educación.

Algunas cifras nos dan la medida de dicho atraso. Mientras el PNB promedio por persona y año es de unos 4.000 dólares de Estados Unidos, la masa de los pobres (670 millones de individuos, o el 54 por ciento de la población) vive con menos de dos dólares al día. Se calcula que uno de cada seis chinos vive por debajo del umbral de pobreza, es decir menos de un dólar al día. Según otros cálculos, la renta de los habitantes rurales (y son la mayoría de la población) apenas alcanza la tercera parte de la de los habitantes de las ciudades.

Puede medirse la diferencia entre las provincias ricas y las provincias pobres observando que el PNB por habitante en la provincia de Ghizhou (30 millones de habitantes) es inferior a la décima parte del PNB por habitante de Shanghai.

La aportación de las inversiones extranjeras y la construcción de infraestructuras a veces gigantescas (como la presa de las Tres Gargantas) tal vez no serán suficientes porque el desarrollo requiere, entre otras cosas, unos recursos humanos capaces de asegurar el éxito de los proyectos. O lo que es lo mismo, la marcha hacia el Oeste llevará bastantes años y será durante mucho tiempo un «lastre» para el crecimiento chino. No por casualidad comenzó en el Sur el desarrollo de China, en esa provincia de Cantón tradicionalmente abierta al exterior, así como en las provincias limítrofes de Shanghai por el norte y por el sur, preferidas por las inversiones de los empresarios de Taiwan, o en la misma Shanghai que así recupera sus glorias pasadas, de nuevo puesta de moda por numerosos intelectuales chinos y extranjeros. Y en Pekín, en fin de cuentas, tradicional sede de las universidades principales y del poder.

Los obstáculos políticos

Los obstáculos propiamente políticos pertenecen a dos órdenes. El interno cuestiona el porvenir del poder actual. El externo interpela a China en cuanto a sus ambiciones de gran potencia internacional.

Hemos comentado ya la cuestión del poder al examinar los obstáculos económicos, lo que refleja la gran implicación del PCCh en la economía. El capitalismo al estilo chino lo quiere, lo organiza y lo dirige el partido, que ha visto en él la clave de su propia supervivencia. Pero ¿qué diremos del porvenir? El crecimiento a través del mercado implica la liberación de las fuerzas productivas, en especial mediante la educación y la libre iniciativa.

La educación, porque tiene la misión de transmitir nuevos

valores y sobre todo el del espíritu crítico, fuente de creatividad y de voluntad de cambio. Por otra parte, no puede quedar reservada a una elite, como en el antiguo mandarinato, porque las necesidades de la economía exigen su difusión entre todas las capas productivas. El progreso es una ruptura tanto del orden confuciano como del orden comunista. Si el sistema educativo falla en este aspecto, se ocuparan de él los directivos extranjeros en el marco de las *joint ventures* que suplen la misión de transferir nuevos comportamientos gerenciales y por tanto humanos. En la ciudad de Xiamen, frente a Taiwan, las fábricas más modernas están dirigidas por taiwaneses. Las obreras y los obreros chinos de esos establecimientos se parecen más a sus homólogos de Singapur o incluso de Corea y Japón. Bien vestidos, disciplinados y capacitados para sus tareas, ejecutan trabajos complejos y prefiguran una clase obrera capaz de expresarse para contribuir a la mejora incesante de la productividad (reproduciendo el sistema japonés del *kaizen* y sus círculos de sugerencias).

Los estudiantes, por su parte, tienen un afán inextinguible de seguir carreras en el extranjero, financiadas por familias enriquecidas con el crecimiento y que no van a escatimar sacrificios. El flujo de estudiantes hacia el extranjero en todas las disciplinas es enorme.

El aprendizaje de la libertad es inmediato y marcará para siempre a estas cohortes de la nueva emigración china. Desde luego muchos no regresarán. En cuanto a los repatriados, habrá que garantizarles unas condiciones que los motiven, así como la oportunidad de conservar la libertad de pensamiento y de acción a que estarán acostumbrados. Concurren así los mecanismos que van introduciendo cabezas pensantes y críticas en todos los circuitos de la economía. Y también las elites políticas acabarán por aportar sus cerebros, necesarios para que salga bien esa apuesta que es el capitalismo al estilo chino.

Falta saber entonces cuál será la evolución interna del PCCh. Puesto que se halla presente tanto en la sociedad como en la economía, es forzoso que refleje la voluntad difusa de emprender iniciativas y de cuestionar los sistemas existentes: el poder crea en su seno su propia oposición potencial. A todos los niveles se observan debates muy vivos entre los «reformadores» y los «inmovilistas» y con esto se rompe ya el aspecto monolítico del partido. ¿Cabe prever una evolución como la ocurrida en Europa oriental, donde los partidos comunistas se transformaron en «socialdemócratas» manteniendo en algunos casos el poder frente a los partidos de nueva creación, muchas veces salidos de las filas de los propios disidentes de aquéllos? Nos movemos ahora en territorio desconocido y la única referencia es el imperativo de evitar un caos como el que se produjo en Rusia, la gran vecina. La disolución del PCUS por Gorbachev ha sido juzgada con mucha severidad en China calificándola de acción «destructora» y que ha resultado extraordinariamente perjudicial, como lo demuestra la diferencia económica abismal que se ha creado en diez años entre estos dos imperios.

El caso chino plantea la cuestión de la democracia en toda Asia. Hoy por hoy la respuesta es típicamente confuciana: la armonía social es un bien más precioso que el debate democrático y puede presentarse como una alternativa a la doctrina que prevalece en Occidente.

En este contexto, el poder se ve en condiciones de exponer con detalle los progresos de la «causa de los derechos humanos en China». La tesis es clásica pero tiene su peso: los derechos del hombre no son unos derechos abstractos tal como se definen en Occidente, sino que se basan en conquistas concretas. Nivel de vida en alza, desde una perspectiva global. La miseria vencida en lo esencial. Progreso espectacular de la salud y la educación. Mejora de la esperanza de vida, de 35 años en 1949 a 72 años en 2004, ¿habrá un derecho más fundamental que el de la vida, respetado y apoyado sin descanso? La actividad del PCCh no se ejerce solamente «en circuito cerrado», y las personalidades científicas o económicas, como los «primos de ultramar» participan en los debates y «son consultadas» para que emitan su «opinión». El derecho se desarrolla mediante leyes cada vez mejor difundidas y más conocidas. La policía persigue a los «delincuentes» y la justicia castiga con dureza. Los «derechos económicos y sociales» son objeto de múltiples atenciones, como la limitación de los despidos (incluso aunque sean técnicamente necesarios), o las recolocaciones (en el año 2000 fueron «recolocados» más de 4 millones de empleados de las empresas del Estado, lo que limita al 4,5 por ciento el índice oficial de paro en 2002, ¡menos que en Japón!), o incluso el «retorno de los rurales» que después de tentar la suerte en las ciudades de la franja costera son invitados a participar en la «Conquista del Oeste y del Norte». Desarrollo de las escuelas de oficios así como de la formación permanente. Promulgación de salarios mínimos «garantizados» e incluso de una especie de «renta mínima de inserción» para los habitantes de las ciudades. Extensión de los derechos «culturales», del acceso a las artes, a los libros, a la prensa impresa (existen cerca de 3.000 «casas de la cultura»). Derecho de «comunicación» asegurado, al menos técnicamente, para 230 millones de abonados al teléfono, de los cuales más de 85 millones tienen un móvil.

Las mujeres han experimentado una mejoría espectacular de su condición. Hay casi 500 alcaldesas o tenientes de alcalde. Hay mejor acceso a la educación (99 por ciento de las niñas están escolarizadas en la enseñanza primaria y las chicas representan la mitad del alumnado en los institutos).

En cuanto a las universitarias, son cada vez más numerosas, también en el extranjero. Brillantes y ambiciosas, transmiten la imagen de una China abierta y ganadora. Finalmente, las etnias minoritarias están protegidas y son beneficiarias de un trato de favor, o en su caso de autonomías que desmienten la arrogancia de los *han* (los chinos de la parte central del país). Sin embargo, estas poblaciones habitan por lo general las regiones pobres y su futuro depende del éxito de la Conquista del Oeste lanzada con gran aparato propagandístico.

Con esto vemos que el debate sobre la democracia y los derechos del hombre no es tan sencillo. Los chinos condenan y califican de arrogancia intelectual las tentativas occidentales de imponer su modo de ver las cosas, transmitido por «demócratas locales» convencidos de que también rige para los asiáticos el «derecho a tener derechos». Estos temas que se hallan en el centro de la «comunicación intercultural» entre Occidente y Asia requieren mucha humildad de espíritu y saber escuchar los puntos de vista del «otro», lo que no es frecuente.

El éxito económico de China reafirma a ésta en su idea de la sociedad y del hombre dentro de la sociedad. Lo cual mejora la disposición para escuchar opiniones ajenas. Al fin y al cabo, los 40.000 o 50.000 millones de dólares invertidos anualmente en China vienen a ser como «votos» reiterados a favor del sistema chino.

Esta voluntad de hablar de igual a igual con cualquier otra potencia, sin exceptuar la primera, es muy visible en la política exterior. Es incontestable la posición de China como gran potencia mundial, por su categoría histórica y cultural, por su peso demográfico y económico, y por su capacidad militar, que incluye el arma nuclear y los lanzamientos espaciales, y que le ha permitido afirmarse durante la guerra fría y en los conflictos regionales en que participó de manera indirecta (guerra de Corea, guerra de Vietnam) o directa (guerras contra la India y contra Vietnam). Su voz también se escucha en los conflictos lejanos (caso del bombardeo de su embajada en Belgrado durante una acción de la OTAN en Kosovo), y en todos los continentes.

Es Asia, sobre todo, el escenario donde China piensa afirmar su rango, que es el primero y que detentaba desde que el Imperio de la Tierra Media extendió su influencia a toda el Asia oriental. En el transcurso de los siglos la cultura asiática se estableció sobre la base de las enseñanzas de un chino, el maestro Kong a quien los jesuitas llamaron Confucio, y de un indio, Buda, por la vía imperial con el confucianismo y por la popular con el budismo, sirviendo de vehículo la escritura de ideogramas. Ese dominio cultural es incontestable. Los japoneses se declaran hijos de la cultura china, o mejor dicho nietos, ya que la recibieron a través de Corea. Las naciones musulmanas de Asia, como Indonesia, Malasia y Brunei, no olvidan nunca, ni en sus calendarios religiosos ni en sus prácticas cotidianas, que antes habían sido budistas confucianistas.

¿Significa esto que la primacía china esté reconocida en todo el continente asiático? Ni mucho menos. Sirvan de ejemplo Japón y Corea del Sur, y también los llamados dragones y tigres dirigidos por los chinos residentes. Con el adelanto económico, financiero, comercial y técnico que han conseguido, no tienen la menor intención de plegarse a las reivindicaciones territoriales planteadas por China que afectan a la mayoría de las islas del Mar de China.

En el centro de este debate hallamos, por supuesto, la cuestión de Taiwan. Aunque reconozcan la filiación cultural, ello no quita que los taiwaneses se consideren totalmente autónomos Esta afirmación es ambigua. Por un lado Taiwan sigue la misma línea que China cuando habla de «<un país, dos sistemas». La reivindicación recíproca es admisible mientras se mueva en el terreno de lo ambiguo. En muchos sentidos Taiwan puede aspirar a «taiwanizar» la China continental por medio de sus capitales, sus directivos, su dominio de un «capitalismo taiwanés» eficaz.*

China no tiene inconveniente en transmitir señales conciliadoras, siempre y cuando no se franquee determinada línea amarilla. Una «declaración de independencia» como la de las colonias norteamericanas con respecto a Inglaterra, por ejemplo, se consideraría un *casus belli* por parte de China lo mismo que ocurrió con los ingleses en nuestro ejemplo. Por otra parte, China no tiene ninguna intención de sabotear su progreso como potencia económica precipitando un conflicto cuyo desenlace sería dudoso (todavía escuece la derrota infligida por el David vietnamita al Goliat chino). Sin embargo, y en el supuesto de que el crecimiento interior se viese amenazado por disturbios sociales debidos a los desequilibrios que hemos comentado en lo que antecede, si no se resuelven con la debida prontitud podría suscitarse la conveniencia de una «aventura exterior» a fin de reforzar el papel del partido.

En efecto, la legitimidad actual del PCCh es su éxito económico. Ante un fracaso en ese terreno sólo quedaría una salida: el nacionalismo, apoyado en una infantería innumerable y un arma-

* Es un capitalismo familiar desarrollado por el progreso tecnológico y por la estrecha relación con la superpotencia norteamericana, con el ex ocupante japonés (cincuenta años más tarde) y con las potencias europeas (Carrefour basó su éxito asiático en el éxito de su apuesta por Taiwan)

mento no desdeñable, con el consiguiente riesgo de una tercera guerra mundial.

Muchos estrategas militares y analistas geopolíticos sitúan concretamente en el estrecho de Taiwan el riesgo más grande de conflicto susceptible de generalización.

Sin comerlo ni beberlo, resulta que el éxito económico de China interesa ahora a todo el mundo. De esto a deducir que la presión sobre la isla no obedece a otra finalidad sino la de asegurarse el apoyo de las potencias extranjeras para lograr la mejor incorporación posible de China al orden económico mundial, sólo media un espacio igual a la anchura de aquel estrecho. ¿Será casualidad que las provincias más ricas de China continental sean precisamente las que tienen enfrente a Taiwan?

Por otra parte, no anda lejos China de lograr una hazaña que hasta el momento sólo habían conseguido los japoneses: obtener importantes concesiones a favor de sus exportaciones manteniendo el escudo protector de sus «industrias incipientes». La negociación de su ingreso en la OMC giró precisamente alrededor de ese trato diferencial que reivindica. Fingir debilidad siempre ha sido una de las tácticas del poder. China se confiesa «culpable» de ser todavía un «país en vías de desarrollo».

Forzar la negociación de esta manera, jugando al mismo tiempo con las grandes oportunidades que ofrece el mercado chino y el peligro de echarlas a perder si un percance obligase a emprender la línea agresiva en la cuestión taiwanesa, son movimientos que no desmerecerían en el *Tratado de la guerra* de Sun Zu.

Un caso ejemplar

En Xiamen, la ciudad-modelo de la China moderna, las zonas industriales no tienen nada que envidiar por su vanguardismo arquitectónico y paisajístico a los parques industriales más recientes de Europa o de Estados Unidos. Es la ciudad del continente que mira de frente a Taiwan. Allí es donde puede observarse mejor el impacto de las inversiones taiwanesas, que son, con mucho, las más potentes y las más regulares de la aportación extranjera a China.

Allí es donde Walter Shen decidió trasladar toda su capacidad de producción de raquetas de tenis hechas de material *composite*. Operarios jóvenes, bien vestidos, que más parecen universitarios en prácticas que «obreros comunistas», producen en sus fábricas cerca del 80 por ciento de las raquetas que todos conocemos: Wilson, Dunlop, Slazenger...

Estas grandes marcas se contentan con diseñar la forma general (a menudo, siguiendo las sugerencias de la fábrica del señor Shen) así como las calcomanías que identificarán la pieza... antes de venderla al precio habitualmente exorbitante que el consumidor estará dispuesto a pagar.

Al señor Shen le han dirigido muchas veces la misma pregunta: ¿Por qué no lanza él mismo su marca, puesto que tiene todo el control del producto? Él contesta que le gusta ser fabricante. Lo que él sabe hacer mejor, confiesa, es organizar la producción, formar a los jóvenes «operarios», reducir costes. Y además, no se limita a producir. Su verdadera pasión son los materiales. Hay muchas clases de *composite*. Las innovaciones químicas, la tecnología de los plásticos y otras muchas, concurren a ofrecer en el mercado raquetas cada vez más ligeras, más resistentes y más «eficaces». Él no tiene inconveniente en dejar que otros desarrollen las marcas. No le inquietan los grandes beneficios que éstos obtienen, puesto que él también se gana muy bien la vida: ¡por algo encabeza el sector mundial de las raquetas de gama alta! Sonríe con ironía. ¿Ha comprendido el interlocutor? Se siente «el amo de las raquetas». Su mercado es planetario y lo tiene totalmente diversificado. Está relativamente resguardado de los altibajos de la coyuntura y no tiene problemas para invertir. Incluso tiene en reserva algunas opciones de diversificación, por si acaso... cascos de motociclista, por ejemplo, que también se fabrican en *composite*. Siempre estará a tiempo de gestionar su propia marca algún día, si quiere. Pero ¿querrá? Controla docenas de marcas... sin asumir la responsabilidad de colocárselas al siempre antojadizo consumidor.

—Dígamelo usted. ¿Quién tiene en su mano las mejores cartas? —concluye el señor Shen.

Epílogo

Sin dejar de ser tierno, si sabes ser fuerte
y sentirte odiado sin odiar a tu vez
y pese a ello, luchar y defenderte...

Rudyard Kipling

El proceso de globalización insuficientemente dominado conduce a la cesión del liderazgo mundial por Occidente, que le pasa el testigo a China. Esa dejación del poder la veremos realizada durante el siglo en curso.

Nuestro mensaje, por tanto, es una llamada de alerta: Occidente debe dejar de mostrarse sordo y ciego a la realidad emergente. Creemos que los atentados perpetrados en Nueva York y Washington el 11 de septiembre de 2001, y los ocurridos desde entonces en otras partes del mundo, también constituyen una llamada a la vigilancia... y a la clarividencia. En esa jornada se reveló con brutalidad el extremismo islamista, pero no faltaron señales premonitorias.

Para no caer en la trampa de la globalización, es preciso que esta vez seamos más lúcidos y que reaccionemos dispuestos a todo.

Cabe citar, en apoyo de nuestra argumentación, la parábola de la rana. Si echamos una rana viva en una cacerola con agua caliente, el batracio escapará de un salto para salvarse.

Pero si colocamos la rana viva en una cacerola con agua fría y la vamos calentando a razón de medio grado cada día, la rana morirá hervida sin darse cuenta, porque carece de órganos que le indiquen el momento en que debe saltar para evitar la temperatura excesiva del agua.

De manera similar, no vemos ninguna percepción que disuada a los industriales occidentales de seguir implantándose masivamente en China. Para un cambio de postura de su parte, se necesitará un planteamiento global y estratégico que implique a todos los agentes. Una reflexión de grandes miras posibilitaría mantener formas equilibradas de asociación entre China, Estados Unidos y Europa. De lo contrario, los tres siglos de liderazgo occidental parecerán un simple paréntesis en la milenaria historia del Imperio de la Tierra Media.